Ci siamo

Claudio Guarnuccio • Elio Guarnuccio

with contributions from Piero Genovesi
Photography by Elio Guarnuccio
Illustrated by Roger Harvey

CIS·Heinemann

CIS•Heinemann
A division of Reed International Books Australia Pty Ltd
22 Salmon Street, Port Melbourne, Victoria 3207
Telephone (03) 9245 7111
Facsimile (03) 9245 7333
World Wide Web hi.com.au
Email info@hi.com.au

Offices in Sydney, Brisbane, Adelaide and Perth.
Associated companies, branches and representatives
around the world.

2006   2005   2004   2003   2002   2001   2000
10   9   8   7   6   5   4

Authors: Claudio Guarnuccio and Elio Guarnuccio,
  with contributions from Piero Genovesi
Illustrated by Roger Harvey
Edited by Hilary Royston
Editorial contributions: Jo Horsburgh
Initial editing: Helen McBride
Designed by Anita Belia
Cover design by David Doyle
Urbania map illustrations: Karen Young
Photography by Elio Guarnuccio
Production by Cindy Smith
Proofreader: Ian Sibley

Printed in Australia by Impact Printing Pty Ltd

National Library of Australia Cataloguing-in-Publication data:

  Guarnuccio, Claudio.
   Ci siamo.

  Includes index.
  ISBN 1 86391 109 X.

  1. Italian language – Textbook for foreign speakers – English.
  I. Guarnuccio, Elio, 1953–. II. Title.

458.2421

Cover photo: Parco Ducale di Urbania

Contenuto

Contenuto

Contenuto

Ringraziamenti

Hanno collaborato

Piero Genovesi, La Trobe University
Assistance with initial course outline:
Carole Shepherd
Initial research and assistance with photography:
Bianca Guarnuccio

Realizzato con la collaborazione del Prof. Carlo A. Pasotto e degli insegnanti del Centro Studi Italiani di Urbania (Italia)

Consultants: Roberta Cedri, Presenter, Rete Italia, Melbourne; Maria Cricenti, PALS/St Monica's College, Melbourne; Paola Kupfersin; Marco Man, Beverly Hills Girls High School, Sydney; Rita Guarnuccio, Director, Centre of Italian Studies, Melbourne

Songs

p 30 'L'italiano' – © Copyright 1983 by NUMBER TWO EDIZIONI MUSICALI S.r.l./EDIZIONI CURCI S.r.l./EDIZIONI MUSICALI STAR S.r.l. – Milano
Per gentile concessione della NUMBER TWO EDIZIONI MUSICALI S.r.l./EDIZIONI CURCI S.r.l./EDIZIONI MUSICALI STAR S.r.l.
p 49 'Un'estate italiana' (Moroder–Bennato–Nannini–Whitlock) – © Copyright 1989 by Sugarmusic Edizioni Musicali S.r.l./Giorgio Moroder Publishing
p 104 'Buona domenica' (Venditti) – Edizioni musicali: STUKAS – INTERSONG ITALIANA
p 154 'Quattro amici' (P. Penzo–G. Paoli) – Edizioni: © 1991 SENZA PENSIERI srl – via Berchet 2 – 20121 Milano; BLUE TEAM MUSIC srl – via G. Fara 39 – 20124 Milano

Tongue twisters

Fonte: *Scioglilingua*, Vita e Pensiero – Pubblicazioni dell'Università Cattolica del Sacro Cuore, Milano, 1994

Information about Urbania

For information about studying Italian in Urbania, contact Claudio Guarnuccio at CENTRE OF ITALIAN STUDIES in Melbourne on (03) 9347 9144.

Photography

All photographs (unless credited below) by Elio Guarnuccio

p 63 (carrots, broccoli) – Michael Loftus-Hills
p 126 *Donna Moderna* 15/08/1996 pag. 31 *Donna Moderna* by MDA/Besana
p 127 *Donna Moderna* 01/08/1996 pag. 35 *Donna Moderna* by Palumbo

Despite every effort, the publishers were not always successful in tracing all copyright owners. Should this come to the attention of the copyright owners concerned, the publishers request that they contact them so that proper acknowledgement can be made in any reprint of this book.

Ringraziamo inoltre:

La famiglia Pasotto
The people of Urbania
The teachers and staff of the Centro Studi Italiani Urbania, in particular Roberto Ferri
The following students of the Centro Studi Italiani Urbania: Lucy Burns, Carlo Cuomo, Annemarie Ebeling, Leigh Catherine Swambo, Tim Lovely, Cecilia Utbult, Jenny Stiernstrand and Steven Meyer
Anna Cafaro

Special thanks to Bianca, Rita and Emily Guarnuccio for all their love and support

To Stephanie, Emily and Daniel, may your generation continue to enjoy the pleasures of Italy and the Italian language

Prefazione

The course

The *Ci siamo* course is made up of four components: a *Textbook*, a *Workbook*, a set of *Cassettes* and a *Teacher's Manual*. It is a functional, activity-based course which presents a balanced, effective approach to language learning and encourages students to use Italian as much as possible in interesting, true-to-life situations.

The purpose of this introduction is to give a brief explanation of the various elements of the *Textbook*. A more detailed analysis of all four components can be found in the *Teacher's Manual*, which also contains approaches to teaching each topic and suggestions for sequencing of all exercises and activities.

Fotoromanzo

The **fotoromanzi** relate the experiences, adventures and travels of a group of young adults living and studying in a small Italian town. They aim to engage the imagination of students by placing them in an authentic Italian setting and getting them involved in the light-hearted adventures of the characters. The critical point is, of course, that the medium of this engagement is the Italian language.

As well as establishing the theme for each **capitolo**, the **fotoromanzi** provide the primary fund of language in each unit. Students use this language to generate a wealth of communicative activity throughout the **capitolo**.

All the **fotoromanzi** are recorded on the *Cassettes*.

Domande

This is a set of oral comprehension questions on each **fotoromanzo**. These questions also appear in the *Workbook* along with further written comprehension activities.

Botta e risposta

Each **Botta e risposta** activity brings into focus particular language points for intensive oral practice. In each activity there is a new piece of visual information that requires a range of considered responses. Students apply the sentences to each illustration or photograph by changing the parts of the sentences in **bold** according to the visual information on that page.

For example, on page 4 there are seven photos and five short conversations, A to E. By applying each short conversation to each of the photos there are actually thirty-five short conversations to be practised. From the learner's perspective, the emphasis is not so much on the language as on the information to be communicated. In this way the **Botta e risposta** exercises retain the undoubted benefits of repetition drills without the repetition degenerating into meaningless parroting.

Sometimes these activities may be performed with the class as a whole, at other times in small groups or in pairs.

As each activity covers several language points, it is not intended that the entire activity be completed in one sitting. It will usually be more appropriate to use only one or two of the given exchanges at a time depending on which language points need to be practised.

The **Botta e risposta** activities have been designed to allow maximum flexibilty. Teachers may wish to vary the exchanges to suit the specific needs of their students, or to draw on the visual information alone to create their own exchanges.

The final stage of using a **Botta e risposta** activity is to move away from the pictures on the page and to apply the language exchanges to the students' own lives.

A tu per tu

A tu per tu are pair-work activities that take the next step towards a freer use of language by requiring greater learner initiative.

There are two types of **A tu per tu** activities.

The first is a *substitution dialogue* in a realistic setting, such as at a market, at a restaurant etc. As in the **Botta e risposta** activities, students use pictures or authentic texts provided on the page to modify the key words or phrases in **bold** in the dialogues.

Once students feel confident with the situation, they are then encouraged to use the visual material provided to create their own new dialogues.

In the second type of **A tu per tu** activity, the *boxed dialogues*, students combine the elements of language provided to construct a conversation. Students need to make meaningful and consistent choices in order to maintain the coherence of the conversation.

Tocca a voi

The language activities in **Tocca a voi** offer the most challenging and rewarding opportunity to put language acquired in each **capitolo** to real communicative use. To accomplish these communicative tasks, students will be applying the language skills they have developed in the **Botta e risposta** and the **A tu per tu** activities. The tasks involve information-gap activities, games, surveys, interviews and a range of other text types.

The **Tocca a voi** activities are the least structured of the oral activities and require careful preparation and management together with teacher and student initiative. If so handled, they will produce enjoyable and rewarding language experiences.

L'accento giusto

In these sections Italian sounds are singled out for intensive practice.

Ho capito

In the **Ho capito** listening comprehension activities, students listen to various native speakers on the *Ci siamo* Cassettes and answer orally a series of questions on what they've just heard. These activities

are designed to extend the dimension of students' listening skills.

These **Ho capito** activities supplement the **Ascoltiamo** listening comprehension activities which feature in the *Workbook* and on the *Cassettes*.

Cultural units

Elements of Italian culture appear throughout the entire book: in all the **fotoromanzi**, and in as many oral, aural and written activities as is appropriate. Many of the **Botta e risposta**, **A tu per tu** and **Tocca a voi** activities, as well as the **Sapore d'Italia** section in the workbook, contain realia such as student cards, maps, brochures etc. from which students will be required to draw information.

Several passages on specific elements of Italian culture also appear throughout the *Textbook*. The purpose of these is to expand on themes that have already been introduced in the **fotoromanzo** or in the oral activities and to expose students to different styles of writing and a variety of discourse forms.

While using these sections, students should be encouraged to develop the skill of reading for meaning, since the level of language is higher than that of the **fotoromanzi** and the oral activities. The cultural sections are intended primarily for general comprehension and discussion. Students are not expected to understand every word, although all words appear in the **vocabolario** at the back of the book for easy reference.

Prefazione

Songs

The four authentic pop songs in the *Textbook* and on the *Cassettes* add greatly to the enjoyment of the course. They were chosen specifically to match the themes and language dealt with in the *Textbook*.

Parole nuove

The words and expressions in **Ci siamo** have been selected on the basis of their usefulness for speaking and writing about the themes treated in this course. They often appear together with an activity for which they are required or in the **Parole nuove** section towards the end of each **capitolo**.

In order to avoid intimidating lists, words are grouped into manageable blocks which have a grammatical or topic-related unity.

Riassunto di grammatica

The role of the grammar section is to organise the language that emerges in each **capitolo** into coherent patterns that give learners something on which to build their understanding of how the language works. Students first experience the language in context, giving them the opportunity to deduce their own linguistic patterns, before these language threads are drawn together in the grammar section.

The **Riassunto di grammatica** is intended as a detailed reference for both teachers and students and is presented in a clear and user-friendly manner.

Text types

The *Ci siamo* course offers a broad sample of text types, both for comprehension and for production by students. Here are some examples:

- advertisement
- anthem
- biography
- brochure
- calendar
- cartoon story
- commentary
- cue card
- diagram
- dialogue
- diary entry
- directions
- encyclopedia entry
- essay
- family tree
- form
- graph
- interview
- invitation
- letter
- list
- magazine article
- map
- menu
- newspaper article
- note
- phone message
- photo-story
- postcard
- poster
- program of events
- prose passage
- puzzle
- questionnaire
- quiz
- recipe
- role-play
- sign
- song
- survey
- ticket
- timetable
- tongue twister
- TV guide

Buon divertimento!

Ciao. Mi chiamo Lucia. Sono in Italia, ma non sono italiana. Sono una turista.

MILANO

Ciao, Lucia. Come stai?

Ciao, Tim. Bene, grazie.

▼ Il Duomo di Milano è bello. Anche questo monumento è bello!

Portofino

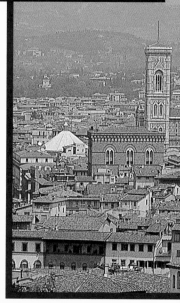

▲ Ecco Portofino. Che panorama spettacolare!

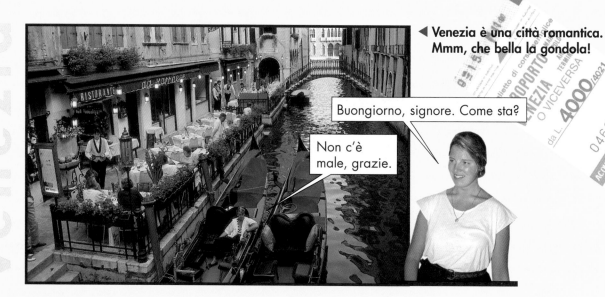

venezia

◀ Venezia è una città romantica. Mmm, che bella la gondola!

Buongiorno, signore. Come sta?

Non c'è male, grazie.

Firenze

▲ Ecco la famosa Firenze.

▼ Questa è Roma, la capitale d'Italia.
E questo è il Colosseo, naturalmente.

Uei...ciao, bella. Come stai?

Male. E attento al traffico, stupido.

Roma

▲ E questa è Capri. Che vista magnifica!

CAPRI

Oggi sono una turista e domani...? Arrivederci.

Impariamo ad imparare

You know a lot more Italian than you realise!

The following are some of the words from the introductory story. Can you guess what they mean?

turista   panorama   spettacolare   stupido

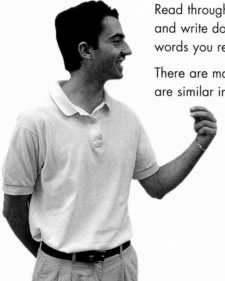

Read through the story again and write down all the other words you recognise.

There are many words which are similar in both Italian and English. Write down some Italian words used in English. Here are a few to get you started: **pizza**, **bravo**, **opera**…

Sounding Italian

When speaking Italian, you will want to sound as Italian as possible.

Here are some hints:
- listen carefully to the Italian native speakers on the *Ci siamo* cassettes
- imitate them *out loud* over and over again
- try to *feel* Italian by imitating the tone of voice and the expression as well as the sound
- have fun with the language. Mimic, exaggerate and don't be afraid to use your hands!
- remember that Italian is a *phonetic* language which means that sounds are always represented by the same letter or letters
- use the **L'accento giusto** section in each chapter to help you practise individual sounds

Clearly, the more you practise, the more Italian you will sound!

L'accento giusto

Le vocali: a, e, i, o, u

The key to sounding Italian is mastering the vowel sounds. Here are some hints:
- even though there may be some subtle variations, each Italian vowel has essentially one sound
- Italian vowels are pronounced as one crisp sound

For the exact pronunciation of the Italian vowel sounds, listen to the speakers on the cassettes.

Practise these sentences:

Ciao, Lucia. Come stai?
Sono in Italia, ma non sono italiana.
Anche questo monumento è bello.
Ecco la famosa Firenze.
E questo è il Colosseo, naturalmente.
Attento al traffico, stupido.

Anche questo monumento è bello.

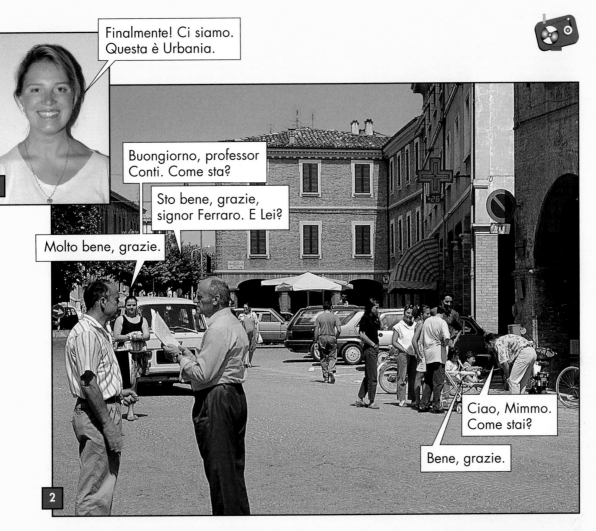

Finalmente! Ci siamo. Questa è Urbania.

Buongiorno, professor Conti. Come sta?

Sto bene, grazie, signor Ferraro. E Lei?

Molto bene, grazie.

Ciao, Mimmo. Come stai?

Bene, grazie.

Lucia arriva a scuola.

CENTRO STUDI ITALIANI

Permesso?

Avanti.

Buongiorno.

Buongiorno. Io sono la signora Pasotto. Lei come si chiama?

Mi chiamo Lucy, cioè Lucia… Lucia Burns.

Capitolo uno

Più tardi.

In classe.

Scusi, c'è il professor Bucchi?

Professoressa! Sì, sono io. S'accomodi.

Consuelo Bucchi è Lei? Ma Lei è una donna!

Sì, Consuelo non è un nome maschile. È femminile. È un nome spagnolo.

11

Voi siete olandesi, vero?

No, io non sono olandese, sono australiana.

Professoressa, Le presento Lucia Burns. Lucia, questa è la professoressa Bucchi.

Molto lieta.

Piacere.

12

Non è alta, ma è bruna! E tutti qui sono belli.

13

Grazie, Annamaria. Sei molto gentile!

14

DOMANDE

1 Come si chiama la scuola?
2 Come si chiama la ragazza australiana?
3 È una studentessa?
4 Annamaria è una professoressa?
5 Di dov'è Annamaria?

6 In che livello sono Lucia e Annamaria?
7 Chi è Consuelo Bucchi?
8 La professoressa è alta e bruna?
9 Consuelo è un nome maschile o femminile?

Applicate le seguenti espressioni alle sette fotografie, cambiando le parti in **neretto**.

A **Lei** come **si chiama**?
1 Sono **la signora Pasotto**.

B Chi è?
3 Questa è **Alba**.

C **Buonasera**. Sono **il signor Valeri**.
4 Piacere, **signor Valeri**.

D **Ciao, Roberto**, come **stai**?
6 **Non c'è male, grazie**.

E Ah, ecco **il professor Pasotto**.
2 **Buongiorno, professore**.

1 la signora Pasotto — 20.15

2 il professor Pasotto — 8.15

3 Alba — 11.30

4 il signor Valeri — 17.30

5 la professoressa Bucchi — 9.05

6 Roberto — 18.15

7 Sandro — 16.00

SALUTI

arrivederci	see you later, goodbye
benvenuto	welcome
buonasera	good evening, good afternoon
buongiorno	good morning
ciao	hi, bye
salve	hi, bye

COME STAI?

come sta?	how are you? (*formal*)
come stai?	how are you? (*informal*)
come va?	how are things?
(sto) bene	(I'm) well
(sto) molto bene	(I'm) very well
non c'è male	not bad
così così	so-so
(sto) male	(I'm) not well
grazie	thank you
piacere	pleased to meet you

Botta e risposta due

Aldo Luisa Michele Dora Franco Maria Domenico Adele

Applicate le seguenti espressioni alle otto persone, cambiando le parti in **neretto**.

A C'è **Aldo**?

Sì, c'è. È **il** ragazz**o alto** e **bruno**.

B **Dora** è **una** ragazz**a bruna**, vero?
Sì, è **bruna**.

o

Michele è **un** ragazz**o bruno**, vero?
No, non è **bruno**, è **biondo**.

C Come si chiama **la** ragazz**a alta**, **bionda** e **triste**?

Si chiama **Adele**.

D Chi sono **le** ragazz**e bionde**?

Le ragazz**e bionde** sono **Adele** e **Luisa**.

E **Franco** e **Domenico** sono **contenti**?

Sì, sono **contenti**.

o

Michele e **Maria** sono **biondi**?

No. **Michele** è **biondo**, e **Maria** è **bruna**.

AGGETTIVI			
alto	tall	**bruno**	dark
basso	short	**contento**	happy
biondo	blond, fair	**triste**	sad
fortunato	lucky	**gentile**	kind

Botta e risposta tre

Applicate le seguenti espressioni
ai sette tesserini, cambiando le
parti in **neretto**.

A Come **ti** chiam**i**?
3 Mi chiamo **Carlo Cuomo**.

B Come si chiama quest**a** ragazz**a**?
2 Quest**a** ragazz**a** si chiama **Lucia**.

C **Annamaria**, sei **inglese**, vero?
4 **No**, sono **olandese**.

D Benvenut**o** in Italia, **Stefano**. Di dove sei?
1 Sono **tedesco**. Sono di **Monaco**.

E Questo è il livello **3**?
5 Sì, s'accomodi. Io sono **la** professor**essa Rossi**.

CENTRO STUDI ITALIANI	
Via Boscarini, 1	
61049 URBANIA	
(Pesaro e Urbino) ITALIA	
Tel. (0)722/318950	
NOME	Lucia (Lucy)
COGNOME	Burns
NAZIONALITÀ	australiana
LUOGO DI NASCITA	Sydney, Australia
CLASSE	livello 5
PROFESSORE(SSA)	Consuelo Bucchi

2

CENTRO STUDI ITALIANI	
Via Boscarini, 1	
61049 URBANIA	
(Pesaro e Urbino) ITALIA	
Tel. (0)722/318950	
NOME	Carlo
COGNOME	Cuomo
NAZIONALITÀ	inglese
LUOGO DI NASCITA	Derby, Inghilterra
CLASSE	livello 5
PROFESSORE(SSA)	Consuelo Bucchi

3

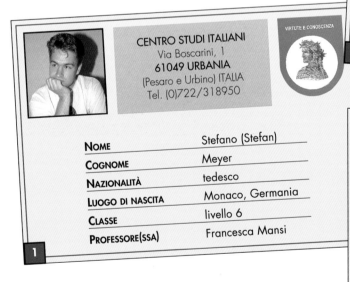

CENTRO STUDI ITALIANI	
Via Boscarini, 1	
61049 URBANIA	
(Pesaro e Urbino) ITALIA	
Tel. (0)722/318950	
NOME	Stefano (Stefan)
COGNOME	Meyer
NAZIONALITÀ	tedesco
LUOGO DI NASCITA	Monaco, Germania
CLASSE	livello 6
PROFESSORE(SSA)	Francesca Mansi

1

CENTRO STUDI ITALIANI	
Via Boscarini, 1	
61049 URBANIA	
(Pesaro e Urbino) ITALIA	
Tel. (0)722/318950	
NOME	Annamaria (Annemarie)
COGNOME	Ebeling
NAZIONALITÀ	olandese
LUOGO DI NASCITA	Amsterdam, Olanda
CLASSE	livello 5
PROFESSORE(SSA)	Consuelo Bucchi

4

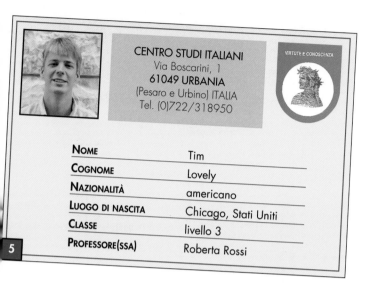

CENTRO STUDI ITALIANI
Via Boscarini, 1
61049 URBANIA
(Pesaro e Urbino) ITALIA
Tel. (0)722/318950

VIRTUTE E CONOSCENZA

NOME	Tim
COGNOME	Lovely
NAZIONALITÀ	americano
LUOGO DI NASCITA	Chicago, Stati Uniti
CLASSE	livello 3
PROFESSORE(SSA)	Roberta Rossi

5

CENTRO STUDI ITALIANI
Via Boscarini, 1
61049 URBANIA
(Pesaro e Urbino) ITALIA
Tel. (0)722/318950

VIRTUTE E CONOSCENZA

NOME	Caterina (Catherine)
COGNOME	Faucheur
NAZIONALITÀ	francese
LUOGO DI NASCITA	Lyon, Francia
CLASSE	livello 9
PROFESSORE(SSA)	Rolando Talozzi

6

CENTRO STUDI ITALIANI
Via Boscarini, 1
61049 URBANIA
(Pesaro e Urbino) ITALIA
Tel. (0)722/318950

VIRTUTE E CONOSCENZA

NOME	Cecilia
COGNOME	Utbult
NAZIONALITÀ	svedese
LUOGO DI NASCITA	Goteburgo, Svezia
CLASSE	livello 8
PROFESSORE(SSA)	Domenico Arduini

7

NAZIONI E NAZIONALITÀ

di che nazionalità è?	what nationality is he/she?
Lei di dov'è?	where are you from? (*formal*)
di dove sei?	where are you from? (*informal*)
sono di...	I'm from...

Australia	Australia	**australiano**
Francia	France	**francese**
Germania	Germany	**tedesco**
Inghilterra	England	**inglese**
Italia	Italy	**italiano**
Olanda	Holland	**olandese**
Spagna	Spain	**spagnolo**
Stati Uniti	United States	**americano**
Svezia	Sweden	**svedese**

Note: When describing someone's nationality in Italian, always write it with a small letter.

I NUMERI

zero	0	**quattro**	4	**otto**	8
uno	1	**cinque**	5	**nove**	9
due	2	**sei**	6	**dieci**	10
tre	3	**sette**	7		

LE PRESENTO

Lei come si chiama?	what's your name? (*formal*)
come ti chiami?	what's your name? (*informal*)
mi chiamo…	my name is…
io sono…	I am…
si chiama…	his/her name is…
Le presento…	may I introduce you to…? (*formal*)
ti presento…	may I introduce you to…? (*informal*)
molto lieto	pleased to meet you

Io sono A e tu sei B.
E poi tu sei A e io sono B.

D'accordo.

Ciao, Stefano. Come stai?

Sto bene, grazie. E tu?

1

A	Buongiorno,	professoressa.	Come stai?
	Buonasera,	signor Ferraro.	Come sta?
	Ciao,	Annamaria.	Come va?

B	Bene,		
	Molto bene,	grazie.	E Lei?
	Non c'è male,	purtroppo.	E tu?
	Così così,		
	Male,		

A	Molto bene, grazie.
	Anch'io sto bene.
	Sto male, purtroppo.
	Anch'io sto male.

B	Sono contento.
	Sono contenta.
	Mi dispiace.

2

Introduce yourself to someone in your class.
State your name and where you're from.
Use this as a model.

Lucia: Buongiorno. Sono **Lucia Burns**.
Ragazzo: Piacere. Sono **Augusto Beato**.
            Sono **italiano**…di **Roma**.
Lucia: Ah sì. Io sono **australiana**…
            Sono di **Sydney**.

Buongiorno.
Sono Lucia Burns.

3 Introduce two people in your class to each other. Be very formal and use their surnames. Use this as a model.

Ragazza: **Signora Marianna**, Le presento **la signorina Burns**.
Signora: Piacere.
Lucia: Molto liet**a**.
Signora: Lei di dov'è?
Lucia: Sono **australiana**...**di Sydney**.
Signora: Benvenut**a** in Italia, allora.
Lucia: Grazie, Lei è molto gentile.

4 Now try the informal approach, and use their first names. Use this as a model.

Annamaria: **Carlo**, ti presento **Stefano**. **Stefano**, quest**o** è **Carlo**.
Carlo: Ciao.
Stefano: Piacere.
Carlo: Di dove sei?
Stefano: Sono **tedesco**...di **Monaco**.
Carlo: Benvenut**o** in Italia.
Stefano: Grazie.

5 You're enrolling at the school in Urbania. Use this as a model.

Carlos: Permesso.
Signora Pasotto: Avanti, s'accomodi.
Carlos: Grazie.
Signora Pasotto: Lei come si chiama?
Carlos: Mi chiamo **Carlos Valdez**.
Signora Pasotto: Di dov'è Lei?
Carlos: Sono **spagnolo**...di **Madrid**.
Signora Pasotto: Il cognome è **Valdez**, vero? Ah, sì. Ecco il tesserino.
Carlos: Grazie.
Signora Pasotto: Prego.

Tocca a voi

You don't know these people very well. They're in your class in Urbania but you've only heard the teacher call them by their surnames. Your partner has only met them socially and knows them only by their first names.

In pairs, see if you can work out each person's complete name. You look only on this page and your partner looks only on page 5.

You begin by introducing one of the students pictured below.

Questo ragazzo si chiama Filippi.

Your partner then asks a series of questions in order to work out the complete name of each of the eight students, for example:

Filippi è alto?
È biondo o bruno?
È contento o triste?

Take it in turn to begin the conversation.

Record your answers, then go to page 160 to check them .

Armani   Montale   Seduna   Filippi   Bosco   Rocca   Paoli   Conti

Ho capito

 Guardate le fotografie e ascoltate la cassetta. Per ogni numero rispondete alle seguenti domande.

1 Come si chiama?   3 Dov'è in Italia?
2 Come sta?   4 Di che città è?

Questa è l'Italia

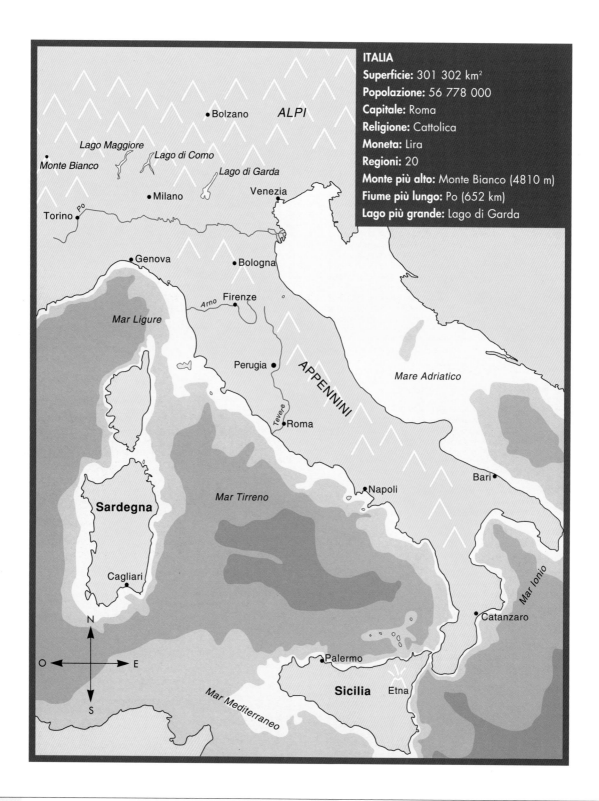

ITALIA
Superficie: 301 302 km²
Popolazione: 56 778 000
Capitale: Roma
Religione: Cattolica
Moneta: Lira
Regioni: 20
Monte più alto: Monte Bianco (4810 m)
Fiume più lungo: Po (652 km)
Lago più grande: Lago di Garda

DOMANDE

1 Come si chiama la capitale d'Italia?	6 Dov'è il Mare Adriatico? A est o a ovest?
2 Dove sono le Alpi? A nord o a sud?	7 Come si chiama il fiume che bagna Roma?
3 Come si chiama il fiume più lungo d'Italia?	8 Come si chiama l'isola grande a ovest?
4 Come si chiama il fiume che bagna Firenze?	9 Come si chiama il vulcano in Sicilia?
5 Come si chiama il monte più alto d'Italia?	10 Dov'è il Lago di Garda? A nord o a sud?

L'accento giusto

Stress and accents

When speaking Italian, it is important to know which part of the word to stress.

In most words the stress falls on the second last syllable.

professore studente buonasera ragazzi

When the stress falls on the last syllable of a word, it has an accent.

perché così cioè nazionalità

Some words with only one syllable also have an accent. This is to distinguish them from similar words with a different meaning.

è (is)   **e** (and)

sì (yes) **si** (pronoun)

In some other words the stress can fall on the third last or fourth last syllable.

In the **Parole nuove** sections, the stressed vowel of these words has been underlined.

essere s'accomodi simpatico dollaro

Parole nuove

ESPRESSIONI UTILI

anch'io	me too, I also
avanti	come in
c'è	...is here, is...here?
certo	of course
ci siamo	we've made it, we're here
dov'è...?	where is...?
permesso?	may I come in?
s'accomodi	make yourself comfortable
scusi	excuse me
..., vero?	..., aren't you?, isn't it?, etc.

NOMI

il **libro**	book
il **livello**	level
il **nome**	name
il **professore**	teacher (*male*)
il **ragazzo**	boy
il **signore**	Mr, sir, man
il **tesserino**	student card
la **classe**	class
la **donna**	woman
la **professoressa**	teacher (*female*)
la **ragazza**	girl
la **scuola**	school
la **signora**	Mrs, Ms, woman
la **signorina**	Miss
la **studentessa**	student (*female*)

ALTRE PAROLE

a	to, at
allora	then, well then
anche	also, too
bello	beautiful, handsome
chi?	who?
cioè	that is, in other words
con	with
e	and
ecco	here is, here are
finalmente	finally
ma	but
molto	very
no	no
non	not
o	or
purtroppo	unfortunately
questo	this
qui	here
sì	yes
tutti	everyone

1 Io, tu, lui... – subject pronouns

io	I
tu	you (*singular, informal*)
Lei	you (*singular, formal*)
lei	she
lui	he
noi	we
voi	you (*plural*)
loro	they

2 Essere – 'to be'

io	**sono**	I am
tu	**sei**	you are (*singular, informal*)
Lei		you are (*formal*)
lui	**è**	he is
lei		she is
noi	**siamo**	we are
voi	**siete**	you are (*plural*)
loro	**sono**	they are

In Italian the form of the verb changes for each person. This means that you don't have to use subject pronouns like **io**, **tu** etc. in conjunction with verbs – you can tell who is being referred to by the form of the verb itself. You will hear people use them, mainly for emphasis, or to avoid confusion.

3 Tu o Lei?

There are two ways of saying 'you' (*singular*) in Italian: **tu** or **Lei**. **Tu** is used when talking to family, friends and people you know well, while **Lei** is generally used with people you don't know very well. The form of the verb changes depending on whether **tu** or **Lei** is used.

*Annamaria, **sei** molto gentile.*
*Signorina, Lei **è** molto gentile.*
*Buongiorno, Professor Conti. Come **sta**?*
*Ciao, Mimmo. Come **stai**?*

When using the **Lei** form with someone, you would greet them with **buongiorno** or **buonasera**. When using the **tu** form, **ciao** or **salve** is more appropriate.

Lei can also be written with a small **l**. However, it appears with a capital **L** throughout this book to distinguish it from **lei** meaning 'she'.

4 Asking questions

When speaking, the simplest way of asking a question in Italian is to change your tone of voice to make it sound like a question. When writing, you simply put a question mark at the end of the sentence.

Il professore è alto.
Il professore è alto?

5 Non – 'not'

The way to make a sentence negative in Italian is to put **non** in front of the verb.

Sono olandese.
***Non** sono olandese.*

6 Masculine and feminine nouns – gender

All Italian nouns are either masculine or feminine. Most nouns ending in **-o** in the singular are masculine.

*ragazz**o** tesserin**o***

Most nouns ending in **-a** in the singular are feminine.

*professoress**a** donn**a***

Nouns ending in **-e** in the singular can be either masculine or feminine: **nome** is masculine and **classe** is feminine.

To make a noun plural, the last letter changes according to the following table.

	singular	plural
masculine	-o	-i
feminine	-a	-e
masculine & feminine	-e	-i

ragazz**o**	➤	ragazz**i**
donn**a**	➤	donn**e**
nom**e**	➤	nom**i**
class**e**	➤	class**i**

7 Ways of saying 'the' – the definite article

A different word is used for 'the' depending on whether the noun is masculine or feminine, singular or plural.

Most masculine nouns take **il** in the singular. **Il** then changes to **i** in the plural.

il ragazzo ➤ *i* ragazzi
il professore ➤ *i* professori

Most feminine nouns take **la** in the singular. **La** then changes to **le** in the plural.

la ragazza ➤ *le* ragazze
la classe ➤ *le* classi

	singular	plural
masculine	il	i
feminine	la	le

8 Ways of saying 'a' or 'an' – the indefinite article

A different word is used for 'a' or 'an' depending on whether the noun is masculine or feminine.

Most masculine nouns take **un**.

un ragazzo   *un* nome

Most feminine nouns take **una**.

una ragazza   *una* classe

9 Adjectives

Adjectives must 'agree' with the gender and number of the noun they are describing, i.e. the ending of the adjective must change according to whether the noun is masculine or feminine, singular or plural.

	singular	plural
masculine	bell**o**	bell**i**
feminine	bell**a**	bell**e**

	singular	plural
masculine or feminine	trist**e**	trist**i**

Il ragazz**o** è alt**o** e la ragazz**a** è bass**a**.
I professor**i** sono content**i**.
Le ragazz**e** sono trist**i**.

When describing a masculine and a feminine noun together, the masculine plural ending is used.

Il ragazz**o** e la ragazz**a** sono content**i**.

10 Questo, questa

Like an adjective, **questo** must 'agree' with the gender and number of the noun it is referring to.

*Quest**o** è Antonio.*
*Quest**a** è la professoressa Bucchi.*

Questo porto è bello.

11 Titles

It is very common for Italians to address someone using their title.

*Buongiorno, **professore**.*
*Come sta, **signora Pasotto**?*

When used in front of a surname, titles ending in **-re** drop the final **e**.

*Buongiorno, **professor Conti**.*
*Come sta, **signor Ferraro**?*

When introducing someone or speaking about someone, the definite article is used in front of the title.

*Io sono **la professoressa Bucchi**.*
*Le presento **la signorina Burns**.*
***Il professor Pasotto** è alto.*

Capitolo due

Ciao. Mi chiamo Carlo Cuomo. Ho diciannove anni e sono inglese. Abito a Londra. Perché ho un nome italiano se sono inglese? Semplice! Ho un padre italiano.

È estate, e sono a scuola in Italia. È assurdo, vero? L'idea non è mia, naturalmente. L'idea è di mio padre! Secondo me, io parlo bene l'italiano.

Non sono a Roma e non sono a Firenze. No. Sono uno studente in una piccola città che si chiama Urbania. Qui tutti sono gentili. Mi piace Urbania, ma è troppo tranquilla.

Io e Caterina abitiamo con la famiglia Guidi. La signora Guidi è simpatica e cucina molto bene.

> Carlo, stasera cucini tu. D'accordo?

> Sì, certo! Io cucino e tu mangi, vero? Caterina, sei molto gentile come sempre.

> Ragazzi, ascoltate! Stasera io preparo un piatto speciale, tagliatelle al tartufo. Va bene?

4

A scuola studio non solo italiano, ma anche ceramica, musica e cucina. Secondo me è troppo. C'è una cosa che mi piace molto in questa scuola – le ragazze. Ci sono tante ragazze. Peccato che sono timido!

5

> Carlo...un ragazzo timido? Scherza!

Io sono nel livello cinque, con Annamaria e Lucia. Mi piace Annamaria. È una ragazza spiritosa, scherza sempre. E Lucia? Lucia è molto carina, ma è così seria. Ogni mattina abbiamo italiano, con la professoressa Bucchi. Mi piace l'italiano, ma secondo me lavoriamo troppo.

> Va bene, adesso ascoltate questa cassetta. Carlo, che cosa fai? Non hai un libro, una penna...?

> No, ma io e Lucia lavoriamo insieme.

> È un po' antipatico questo ragazzo.

6

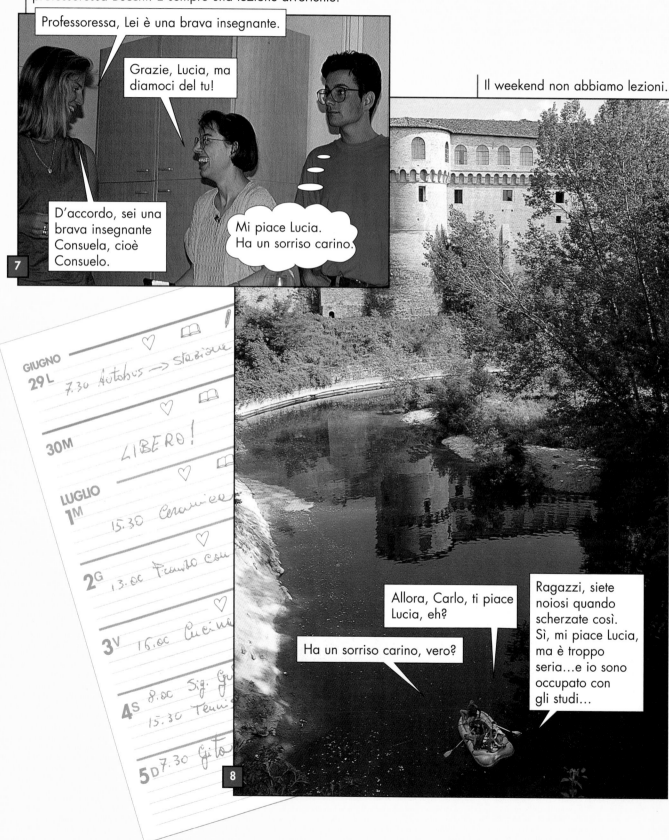

Questo pomeriggio abbiamo cucina, di nuovo con la professoressa Bucchi. È sempre una lezione divertente.

Professoressa, Lei è una brava insegnante.

Grazie, Lucia, ma diamoci del tu!

Il weekend non abbiamo lezioni.

D'accordo, sei una brava insegnante Consuela, cioè Consuelo.

Mi piace Lucia. Ha un sorriso carino.

7

GIUGNO
29 L   7.30 Autobus → Stazione

30 M   LIBERO!

LUGLIO
1 M   15.30 Ceramica

2 G   13.00 Pranzo con

3 V   16.00 Cucina

4 S   8.00 Sig. G...
      15.30 Tenni...

5 D   7.30 Gita

Allora, Carlo, ti piace Lucia, eh?

Ragazzi, siete noiosi quando scherzate così. Sì, mi piace Lucia, ma è troppo seria...e io sono occupato con gli studi...

Ha un sorriso carino, vero?

8

In piazza c'è il Bar Centrale. Tutti gli studenti frequentano questo bar quando hanno un po' di tempo libero. Qui il gelato è molto buono. Anche i dolci sono molto buoni.

Perché Lucia parla e scherza con tutti e con me è sempre seria?

Carlo, siamo amici, vero? E io sono sempre sincera. Allora, è perché sei noioso, pesante e pigro.

Grazie, Caterina, mi piace quando sei sincera.

DOMANDE

1. Quanti anni ha Carlo?
2. Di che nazionalità è Carlo?
3. Perché ha un nome italiano?
4. Dove studia Carlo?
5. Chi cucina stasera?
6. Che cosa studia Carlo a scuola?
7. Secondo Annamaria, Carlo è un ragazzo timido?
8. Che cosa studiano ogni mattina?
9. Secondo Carlo, lavorano troppo?
10. Dov'è il Bar Centrale?
11. Gli studenti quando frequentano il Bar Centrale?
12. Perché Lucia non parla e scherza con Carlo?
13. Secondo te, Carlo e Caterina sono amici?

Forse Caterina non sta bene oggi. Io non sono pigro e pesante. Una di queste sere preparo un piatto speciale e invito Caterina, Annamaria e forse anche Lucia.

Avete i piatti pronti, eh? Ecco, ragazze, questo è un minestrone speciale.

Sei molto bravo, Carlo.

Sei un tesoro.

E sei anche molto simpatico, Carlo. Hai un sorriso carino.

Sergio, 19 anni

Anna, 15 anni

Enza, 16 anni

Adriano, 17 anni

Sofia, 14 anni

I NUMERI 11–20	
undici	11
dodici	12
tredici	13
quattordici	14
quindici	15
sedici	16
diciassette	17
diciotto	18
diciannove	19
venti	20

Applicate le seguenti espressioni alle cinque persone, cambiando le parti in **neretto**.

A **Enza**, quanti anni hai?

Ho **16** anni.

B **Anna** è noiosa.

Sì. Secondo me **parla** troppo.

C **Sofia**, che cosa fai? **Studi**?

Eh sì! **Studio** sempre.

D **Adriano**, perché **cucini**?

Perché mi piace **cucinare**.

E **Sergio** e **Adriano lavorano**?

No. **Sergio lavora** e **Adriano cucina**.

PAROLE NUOVE	
cucinare	to cook
lavorare	to work
mangiare	to eat
parlare	to speak
studiare	to study
che cosa fai?	what are you doing?
mi piace	I like
ti piace	do you like?, you like
quanti anni hai?	how old are you?
ho...anni	I'm...years old
secondo me	in my opinion

Botta e risposta due

Lucia

Carlo

Annamaria

Caterina

Stefano

IN CLASSE

la **cassetta**	cassette
la **gomma**	eraser
la **matita**	pencil
la **penna**	pen
il **quaderno**	exercise book
quanti/e?	how many?
che cosa?	what?

Applicate le seguenti espressioni
alle cinque persone, cambiando
le parti in **neretto**.

A Chi ha **una penna**?	**B** **Carlo**, che cosa hai?	**C** Ragazzi, quanti **libri** avete?
Lucia e Caterina hanno una penna.	Ho **una matita e una gomma**.	Abbiamo **tre libri**.

Il mattino. Al bar

Applicate le seguenti espressioni, cambiando le parti in **neretto**.

A Vorrei **un caffè**, per favore.
   Sì, certo. Ecco **il caffè**.

B **Luisa**, che cosa prendi?
   Prendo **una pasta e
   un cappuccino**.

C Quanti **panini** ci sono?
   Ci sono sedici panini.

D Perché **Dora** prende
   un gelato?
   Perché **i gelati sono**
   molto buon**i** qui.

AL BAR	
il **caffè**	coffee
il **cameriere**	waiter
il **cappuccino**	cappuccino
il **dolce**	sweet
il **gelato**	ice cream
il **panino**	bread roll
il **tè**	tea
l'**acqua minerale**	mineral water
l'**aranciata**	orange drink
la **birra**	beer
la **cameriera**	waitress
la **Coca**	Coke
la **focaccia**	focaccia
la **pasta**	small cake, pastry
ci sono	there are
vorrei	I would like
prendo	I'll have, I'm having
prendi	you'll have, you're having
prende	he/she will have, he/she is having

Do you speak English?

Of course!

Maura   Giovanni

Enzo   Lucia

Lasciatemi cantare!! ♪

Michele   Livio

Cecilia   Gianna

Lisa   Mike

Applicate le seguenti espressioni alle cinque fotografie, cambiando le parti in **neretto**.

PAROLE NUOVE

cantare	to sing
guardare	to watch, to look at
visitare	to visit
la **canzone**	song
la **televisione**	television

A Chi **parla inglese?**

   Maura e **Giovanni parlano inglese.**

B Che cosa fai, **Mike?**

   Visito Venezia con **Lisa.**

C Io e **Gianna mangiamo una focaccia.**

   Ma perché **mangiate una focaccia?**

A		Carlo?
	Ti piace	Lucia?
		Annamaria?
		Caterina?
		la professoressa Bucchi?

B				bravo/a.
	Sì, mi piace.		Secondo me è	simpatico/a.
	No. Non mi piace.			antipatico/a.
				noioso/a.
				…

A			bravo/a.
	Sì, sono d'accordo. È molto	Scherzi! Secondo me è	simpatico/a.
			antipatico/a.
			noioso/a.
			…

AGGETTIVI	
antipatico	disagreeable, annoying
bravo	good
buono	good
carino	cute
noioso	boring, annoying
pesante	tiresome
pigro	lazy
serio	serious
simpatico	likeable
sincero	honest, sincere
spiritoso	cheeky, witty
timido	shy

A tu per tu due

In classe

Borrow an object from someone in your class.
Use this as a model.

Lucia: Signor**a Bucchi**, ha **una penna**?
Consuelo: Ma diamoci del tu, **Lucia**.
Lucia: Va bene, **Consuelo**. Hai **una penna**?
Consuelo: Sì, certo.

Hai una matita?

A tu per tu tre

Al bar

1   Cliente: Scusi.
    Cameriere: Prego?
    Cliente: Vorrei **un caffè**, per favore.
    Cameriere: Subito. Ecco **il caffè**.
    Cliente: ...e prendo anche **una pasta**, grazie.
    Cameriere: Prego.

2   Mario: Che cosa prendi, **Giacomo?**
    Giacomo: Prendo **una birra**. E tu?
    Mario: Prendo **un panino e un'acqua minerale**.
    Giacomo: Cameriere! **Un panino, un'acqua minerale e una birra**, per favore.

caffè L.1.500
tè   L.2.000
Cappuccino
     L.2.000

focaccia L.3.000
panino L.2.500
pasta   L.1.000
gelato L.3.500

acqua minerale L.1.000
aranciata L.2.500
Coca L.2.500
birra L.3.500

Il pomeriggio. Al bar

The students went to the **Bar Centrale** during their morning break. It's now afternoon and they're back there again. See if you can find eleven things that have changed in the meantime.

You look only on this page, your partner looks only on page 22.

To find the differences, you'll have to keep asking each other questions like the following:

> **Quanti studenti ci sono?**
> **C'è Luisa?**
> **Che cosa prende Franco?**
> **Chi prende un caffè?**

Take it in turn to begin the conversation. Record your answers, then go to page 160 to check them.

Pasta o pasta?

The word **pasta** literally means 'pastry' or 'dough'. Generally it is used to describe spaghetti, lasagne, tagliatelle etc., but Italians also commonly refer to a pastry or a small cake as **una pasta**. A sweet of any type can be referred to as **un dolce**.

Ho capito

Ascoltate il DJ di una stazione radio. Per ogni ragazzo/a rispondete alle seguenti domande.

1 Come si chiama?
2 Dove abita?
3 Quanti anni ha?
4 Che lingue parla?

L'accento giusto

c, g

There are two ways of pronouncing the letters **c** and **g** in Italian.

- When followed by the vowels **a**, **o**, or **u**, or by **consonants**, they are pronounced as 'hard' sounds, like the English 'c' in the word 'cat' and 'g' in the word 'game':

  casa   così   scusi   classe
  ragazzo   prego   grande

- When followed by the vowels **e** or **i**, they are pronounced as 'soft' sounds, like the English 'ch' as in 'church' and 'j' as in 'judge':

  certo   arrivederci   gentile   oggi

- To make **ce**, **ge**, **ci** and **gi** into 'hard' sounds, an **h** is inserted:

  che   mi chiamo   lunghe   laghi

- To make **ca**, **ga**, **co**, **go**, **cu** and **gu** into 'soft' sounds, an **i** is inserted:

  ciao   cioè   già   buongiorno   giusto

	a	e	i	o	u
hard sound	ca	che	chi	co	cu
	ga	ghe	ghi	go	gu
soft sound	cia	ce	ci	cio	ciu
	gia	ge	gi	gio	giu

Practise these sentences:

Secondo me, Carlo è carino.
Che cosa cuciniamo oggi?
Caterina è un'amica di Carlo Cuomo.
Oggi pomeriggio abbiamo lezione di cucina.
Cinque cappuccini, per piacere.
Oggi in classe ci sono tredici ragazzi.
Scusi, c'è Cecilia?

Scioglilingua

Sopra la panca
la capra campa.
Sotto la panca
la capra crepa.

Scioglilingua

Urbania

Urbania (o Casteldurante) è famosa per la ceramica. È una tradizione che continua ancora oggi.

Urbania è una piccola città nell'Italia centrale. È molto bella e caratteristica. Ha una popolazione di circa 7000 abitanti. Urbania è nella regione italiana che si chiama 'le Marche'.

Urbania è una città d'arte. L'antico nome è Casteldurante, ma adesso si chiama Urbania in onore di Papa Urbano VIII. Il centro storico è molto interessante: ci sono il Palazzo Ducale, la cattedrale e c'è anche un piccolo museo.

Intorno a Urbania ci sono tante industrie. L'industria tessile è molto importante. Le fabbriche qui sono famose per la produzione di jeans, T-shirt e altri articoli d'abbigliamento per compagnie come Valentino, Versace e Carrera.

ceramica

Ecco Urbania. Come in tutte le antiche città italiane, l'architettura di Urbania è molto interessante. Nel centro storico gli edifici sono in tanti stili differenti: gotico, rinascimentale e barocco. Questi contrastano con i moderni condomini che sono in periferia.

Scusi. Quanto costa questa T-shirt?

Per Lei, signora, solo 10 000 lire.

Non costa molto.

Ecco il piccolo mercato di Urbania. È in Via Sant'Antonio.

tartufo

La cucina tradizionale delle Marche è famosa. Il tartufo è una specialità locale. È un tipo di patata molto aromatica. Le tagliatelle al tartufo e il risotto al tartufo sono deliziosi.

DOMANDE

1 Dov'è Urbania?
2 Perché si chiama Urbania?
3 Che cosa c'è nel Centro Storico?
4 Che cosa producono le fabbriche intorno a Urbania?
5 Gli edifici in Urbania sono antichi o moderni?
6 Per che cosa è famosa Urbania?
7 Dov'è il mercato di Urbania?
8 Che cos'è il tartufo?

Canzone

L'italiano

Cantante: Totò Cutugno

Parole di C. Minellono
Musica di S. Cutugno

Lasciatemi cantare
con la chitarra in mano,
lasciatemi cantare
sono un italiano.

Buongiorno Italia, gli spaghetti al dente
e un partigiano come Presidente,
con l'autoradio sempre nella mano destra
e un canarino sopra la finestra.

Buongiorno Italia con i tuoi artisti,
con troppa America sui manifesti,
con le canzoni, con amore, con il cuore,
con più donne, sempre meno suore.

Buongiorno Italia, buongiorno Maria
con gli occhi pieni di malinconia,
buongiorno Dio,
lo sai che ci sono anch'io.

Lasciatemi cantare
con la chitarra in mano,
lasciatemi cantare una canzone piano piano.
Lasciatemi cantare,
perché ne sono fiero,
sono un italiano,
un italiano vero.

Buongiorno Italia che non si spaventa
e con la crema da barba alla menta
con un vestito gessato sul blu
e la moviola la domenica in TV.

Buongiorno Italia col caffè ristretto,
le calze nuove nel primo cassetto,
con la bandiera in tintoria
e una 600 giù di carrozzeria.

Buongiorno Italia, buongiorno Maria
con gli occhi pieni di malinconia,
buongiorno Dio,
lo sai che ci sono anch'io.

Lasciatemi cantare
con la chitarra in mano,
lasciatemi cantare una canzone piano piano.
Lasciatemi cantare,
perché ne sono fiero,
sono un italiano,
un italiano vero.

Lasciatemi cantare
con la chitarra in mano,
lasciatemi cantare
sono un italiano.
Lasciatemi cantare
perché ne sono fiero,
sono un italiano,
un italiano vero.

Parole nuove

ESPRESSIONI UTILI

bravo!	well done!
ci sono	there are
d'accordo	O.K., all right
diamoci del tu!	let's use the **tu** form!
essere d'accordo	to agree
mi dispiace	I'm sorry
peccato!	it's a pity!
secondo…	according to…
un po' (di)	a little
va bene	O.K., all right

NOMI

l'amico	friend (*male*)
l'insegnante (*m.* or *f.*)	teacher
l'italiano	Italian
il padre	father
il piatto	dish, plate
il pomeriggio	afternoon
il sorriso	smile
lo studente	student (*male*)
lo studio	study
il tartufo	truffle
il tempo libero	spare time
il tesoro	treasure
il weekend	weekend
l'amica	friend (*female*)
la ceramica	ceramics
la città	city
la cosa	thing
la cucina	cookery
l'estate (*f.*)	summer
l'idea	idea
la famiglia	family
la lezione	lesson
la mattina	morning
la musica	music
la piazza	the square
la sera	evening

AGGETTIVI

divertente	entertaining
occupato	busy
piccolo	small
pronto	ready
tranquillo	calm, peaceful

ALTRE PAROLE

adesso	now
allora…	so…, well then…
che	that, which
come	as, like
così	so, like this, like that
di nuovo	again
dove	where
forse	perhaps, maybe
insieme	together
mio/a	my
oggi	today
ogni	every
per favore	please
perché	why?, because
quando	when
se	if
sempre	always
solo	only
stasera	this evening
subito	immediately
tanti/e	many
troppo	too much, too

VERBI

abitare	to live
ascoltare	to listen (to)
avere	to have
essere	to be
frequentare	to frequent
invitare	to invite
preparare	to prepare
scherzare	to joke

Riassunto di grammatica

1 Avere – 'to have'

ho	I have
hai	you have (s., inf.)
ha	he, she, it has; you have (for.)
abbiamo	we have
avete	you have (pl.)
hanno	they have

2 Io, tu, lui... – use of subject pronouns

Although Italian verbs don't always need subject pronouns, they are used in the following cases.

For emphasis:

Io cucino e tu mangi, vero?

To avoid ambiguity:

Io abito a Milano e lei abita a Firenze.

After **anche**:

Anche loro parlano italiano.

3 Quanti anni hai?

When you want to say how old you are in Italian, you say you 'have' a certain number of years.

Quanti anni hai?
How old are you?
Ho sedici anni.
I'm sixteen years old.

Una ragazza e un'idea

4 Regular verbs ending in -are

Regular verbs ending in **-are** follow the pattern shown in the table below. You take away the **-are** ending from the infinitive, and add the appropriate ending.

parl**are**	to speak
parl**o**	I speak
parl**i**	you speak (s., inf.)
parl**a**	he, she, it speaks; you speak (for.)
parl**iamo**	we speak
parl**ate**	you speak (pl.)
parl**ano**	they speak

Note: With verbs ending in **-iare**, like **mangiare**, you also take away the **i** from the infinitive, when the ending begins with **i**.

mangi   mangiamo

Verbs ending in **-care** or **-gare**, like **giocare** and **pregare**, require an **h** before endings which begin with **e** or **i**.

giochi   preghiamo

5 More about the definite article

Both masculine and feminine nouns beginning with a vowel take **l'** in the singular. **L'** then changes to **gli** in the plural for masculine nouns, and to **le** in the plural for feminine nouns.

l'amico	➤	*gli amici*
l'insegnante	➤	*gli insegnanti*
l'amica	➤	*le amiche*
l'aula	➤	*le aule*

Masculine nouns beginning with **z** or **s followed by a consonant** take **lo** in the singular. **Lo** then changes to **gli** in the plural.

lo studente	➤	*gli studenti*
lo zaino	➤	*gli zaini*

	singular		plural
masculine	il	➤	i
	lo	➤	gli
	l'		
feminine	la	➤	le
	l'		

6 More about the indefinite article

Masculine nouns that begin either with **z** or with **s followed by a consonant** take **uno**. All other masculine nouns take **un**.

> **uno** *studente*   **uno** *zaino*   **un** *libro*

Feminine nouns that begin with a vowel take **un'**. All other feminine nouns take **una**.

> **un'***idea*   **una** *ragazza*

masculine	un	uno
feminine	una	un'

7 Abito in/a...

To say where you live in Italian, you use the verb **abitare** followed by either **in** or **a**. If you are talking about a country, you use **in**; for a city or town, you use **a**.

> *Carlo **abita in** Inghilterra.*   *Lui **abita a** Londra.*
> *Io **abito in** Italia.*   ***Abito a** Urbania.*

8 Position of adjectives

In Italian adjectives generally follow the noun they are describing.

> *Annamaria è una ragazza **spiritosa**.*
> *Hai un sorriso **carino**.*

Some adjectives, such as **bravo**, **bello**, **buono** and others can also come before the noun.

> *Lei è una **brava** insegnante.*
> *Lucia è una **bella** ragazza.*

9 Mi piace, ti piace...

To say 'I like' or 'you like' something or someone, you use **mi piace** or **ti piace** followed by who or what you like.

> ***Mi piace** l'italiano.*
> ***Ti piace** Lucia, eh?*

To say 'I like' or 'you like' doing something, you use **mi piace** or **ti piace** followed by the infinitive of the verb.

> ***Mi piace** scherzare.*
> *Non **mi piace** lavorare.*

10 Some irregular nouns

Nouns ending in **-tà** in the singular do not change their ending in the plural. However, the definite article must still change.

> **la** *città* ➢ **le** *città*
> **la** *nazionalità* ➢ **le** *nazionalità*

Nouns ending in a consonant in the singular, most of which are borrowed from other languages, do not change their ending in the plural. The definite article must still change.

> **il** *bar* ➢ **i** *bar*
> **lo** *sport* ➢ **gli** *sport*

Mi piace questa piccola città. È molto tranquilla.

Capitolo tre

Va bene, ci siamo. Sono le dodici e mezza. Terminiamo qui. Per lunedì leggete l'articolo a pagina ventisette e completate gli esercizi. Poi scrivete duecento parole su 'Una settimana a Urbania'. Ci vediamo lunedì. Buon weekend!

D'accordo.

Arrivederci.

A lunedì.

1

Uffa! Abbiamo sempre troppi compiti. Vorrei avere almeno i weekend liberi. Lavoriamo troppo in questa scuola.

Oh, poveretto! Studi giorno e notte, vero?

Anch'io studio giorno e notte e vado a scuola. Mi piace la scuola.

2

Poveretta! In questo posto anche i bambini lavorano troppo.

Ciao, bella. Come ti chiami?

Mi chiamo Donatella Pasotto.

Quanti anni hai?

3

Allora, prendete la strada per Urbino. Dopo cinque chilometri c'è una strada sulla sinistra che va a Pieve di Cagna. Prendete questa strada e andate avanti per un chilometro. Quando arrivate a Via San Giovanni, girate a destra e prendete la strada che porta a casa nostra.

13

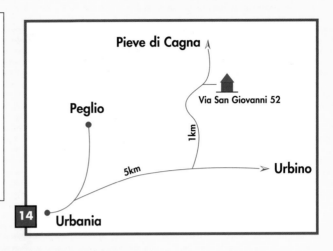

Pieve di Cagna

Via San Giovanni 52

Peglio

1km

5km

Urbino

14 **Urbania**

Molto bene. A che ora?

Alle due, due e mezzo.

Veniamo verso le due allora. Grazie! A domani.

Arrivederci.

15

Mamma, anch'io vorrei una torta. Ma una torta grande grande. Mi piacciono le torte.

16

DOMANDE

1   A che ora termina la lezione?
2   Come si chiama la bambina?
3   Quanti anni ha?
4   Dove fa i compiti Donatella?
5   Donatella è grande?
6   Che cosa fa a scuola Giovanni?
7   Dove vanno Giovanni e Donatella quando vengono a casa da scuola?

8   Secondo Lucia, che tipo di ragazzo è Giovanni?
9   Che cosa prepara la signora Pasotto?
10   Che macchina hanno i ragazzi?
11   Dove va la strada sulla sinistra?
12   Quanti chilometri ci sono da Urbania a casa Pasotto?
13   A che ora è la festa?

Applicate le seguenti espressioni
ai nove posti, cambiando le parti
in **neretto**.

A Scusi, dov'è **la farmacia?**
La farmacia è in **Via Gigli 23**.

B Dove vai? In **Via Garibaldi?**
Sì, vado **al generi alimentari**.

C Vieni da **Via Sant'Antonio?**
Sì, vengo da**l mercato**.

D Che cosa c'è in **Piazza Bartolomei?**
In **Piazza Bartolomei** c'è **la chiesa**.

E Senta! **La pasticceria** è lontan**a?**
No, è qui vicino, in **Via della Cereria 34**.

Note: Vado <u>in</u> pasticceria…<u>in</u> chiesa… <u>in</u> farmacia.

PAROLE NUOVE	
andare	to go
venire	to come
lontano	far
vicino	near
senta!	excuse me!, listen!

ALTRI NUMERI			
venti	20	trenta	30
ventuno	21	quaranta	40
ventidue	22	cinquanta	50
ventitré	23	sessanta	60
ventiquattro	24	settanta	70
venticinque	25	ottanta	80
ventisei	26	novanta	90
ventisette	27	cento	100
ventotto	28	duecento	200
ventinove	29	trecento	300
		mille	1000
		duemila	2000
		tremila	3000

La pasticceria
Via della Cereria 34

Il generi alimentari
Via Garibaldi 92

Il supermercato
Via Crescentini 71

CHIESA S. FRANCESCO
SEC. XV

La chiesa
Piazza Bartolomei

L'ufficio informazioni
Corso Vittorio
Emanuele 48

Il mercato
Via Sant'Antonio

Via Picci

Via della Cereria

Piazza
S. Cristoforo

Piazza
della Rovere

Via Garibaldi

Via Betto dei Medici

a Girolamo dei Medici

Via Crescentini

iazza Bartolomei

Via S. Antonio

Corso Vittorio Emanuele

Via del Duomo

Via Rossi

Via Dolce

Via Piccini

Piazza
della Libertà

ia Bramante

Via Gigli

Via Cagnacci

Via Macci

Via Fontana

Via Ugolini

L'agenzia viaggi
Via Piccini 39

L'ufficio postale
Piazza della Libertà

La farmacia
Via Gigli 23

Applicate le seguenti espressioni alle sei
attività, cambiando le parti in **neretto**.

LO SPORT	
le **bocce**	bocce, bowls
il **calcio**	soccer, football
il **tennis**	tennis
giocare (a)	to play

A Che cosa **fanno** questi ragazzi?

4 **Giocano a calcio**.

B **Fate una festa?**

7 Sì, oggi **facciamo una festa**.

ESPRESSIONI CON *FARE*	
fare i compiti	to do one's homework
fare la spesa	to do the shopping
fare una festa	to have a party
fare una torta	to bake a cake

C Ti piace **giocare a bocce**?

3 Sì. **Gioco a bocce** ogni weekend.

programma

Manifestazioni
22 – 28 luglio

LUNEDÌ	22	**Teatro Bramante** — **Concerto** Umberto Tozzi
MARTEDÌ	23	**Cinema Fiamma** — **Film** Il Re Leone
MERCOLEDÌ	24	**Palazzo Ducale** — **Mostra** I vetri di Archimede Seguso
GIOVEDÌ	25	**Teatro Comunale** — **Commedia** La mandragola
VENERDÌ	26	**Cinema Fiamma** — **Film** Il Postino
SABATO	27	**Museo Civico** — **Mostra** La ceramica rinascimentale
DOMENICA	28	**Teatro Bramante** — **Concerto** Vivaldi

Palazzo Ducale

Teatro Bramante

LA SETTIMANA

lunedì	Monday
martedì	Tuesday
mercoledì	Wednesday
giovedì	Thursday
venerdì	Friday
sabato	Saturday
domenica	Sunday

Note: In Italian, the days of the week are written with a small letter.

IL TEMPO LIBERO

il **cinema**	cinema
la **commedia**	play
il **concerto**	concert
il **film**	film
la **mostra**	exhibition
il **museo**	museum
il **teatro**	theatre

PAROLE NUOVE

c'incontriamo	we'll meet
davanti a	in front of
mi piacciono	I like
ottima idea!	great idea!
ti piacciono	you like

Applicate le seguenti espressioni alle sette manifestazioni, cambiando le parti in **neretto**.

A Ti piacciono **i concerti**?
Sì, molto. C'è **un concerto**, **lunedì**, vero?

B Perché non andiamo a vedere **un film**, **venerdì**?
Ottima idea! C'incontriamo davanti al **Cinema Fiamma** alle otto.

C Vieni al **Teatro Comunale**, **giovedì**?
No, grazie. Non mi piacciono **le commedie**.

D Perché andate sempre al **Palazzo Ducale**?
Perché ci sono tante **mostre** interessanti lì.

La giornata di Elena

Per ogni attività, cambiate le parole in **neretto**.

A Che ore sono?
o
Che ora è?
8 **Sono le dieci.**

B Vorrei **prendere un caffè.**
1 Perché non **prendiamo un caffè** insieme?

C Che cosa fa Elena **alle nove meno dieci?**
2 **Alle nove meno dieci va a scuola.**

D Elena, a che ora **giochi a tennis?**
5 **Gioco a tennis alle tre meno venti.**

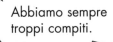

CHE ORE SONO?

che ore sono?	what time is it?
che ora è?	what time is it?
sono le…	it's…o'clock
è l'una	it's one o'clock
è mezzogiorno	it's midday
è mezzanotte	it's midnight
…e mezza/o	half past…
…e un quarto	a quarter past…
…meno un quarto	a quarter to…
…e dieci	ten past…
…meno venti	twenty to…
a che ora…?	at what time…?
alle otto	at eight o'clock

PAROLE NUOVE

leggere	to read
scrivere	to write
il giornale	newspaper
la lettera	letter

A tu per tu

You're at the **ufficio informazioni**. Look at the map
on the opposite page and use this model to practise
asking directions.

A

Scusi,	come si arriva	alla	pasticceria?
Senta,		al	farmacia?
			generi alimentari?

B

| Allora. Prenda Corso Vittorio Emanuele e vada verso | Piazza San Cristoforo. |
| | Piazza della Libertà. |

A Va bene. | E poi?

B

Vada avanti finché arriva in	Via Piccini.
	Via della Cereria.
	Via Garibaldi.

A

Via Piccini,	è vicina?
Via della Cereria,	è lontana?
Via Garibaldi,	

Come si arriva al Parco Ducale?

B

Sì, è vicina.	È la	prima	strada	a destra.
No, non è lontana.		seconda		a sinistra.
		terza		
		quarta		

A

E dov'è	la	pasticceria	esattamente?
	il	farmacia	
		generi alimentari	

B

È sulla	destra	al numero	34.
	sinistra		29.
			63.

Non è vicino, è molto lontano.

A Grazie. Molto gentile.

B Prego.

COME SI ARRIVA A...?

giri!	turn! (for.)	dopo	after
prenda!	take! (for.)	esattamente	exactly
vada!	go! (for.)	finché	until
		stamattina	this morning
a destra	to the right		
sulla sinistra	on your left	primo	first
avanti	straight ahead	secondo	second
arrivare	to arrive, to get to	terzo	third
come si arriva a...?	how does one get to...?	quarto	fourth

Tocca a voi uno

You have a 1985 map of Urbania, your partner has a current map. Find the nine changes that have occurred since 1985. Some places have changed address, some are no longer in the city centre and some new places have appeared.

You refer to this page only, while your partner refers only to pages 38 and 39.

To find the differences between the maps you'll have to keep asking each other questions like the following:

Dov'è la farmacia adesso?
C'è l'ufficio informazioni? Dov'è?
L'ufficio postale è in Via Betto dei Medici?

Write down the differences, then go to page 160 to check them.

La pasticceria
Via della
Cereria 34

L'ufficio informazioni
Corso Vittorio
Emanuele 48

Il generi alimentari
Via Garibaldi 29

Il bar
Piazza della
Rovere 25

L'ufficio postale
Via Betto dei
Medici 33

Il mercato
Piazza San Cristoforo

La chiesa
Piazza Bartolomei

La banca
Via del
Duomo 17

Il ristorante
Via Gigli 61

La farmacia
Via Piccini 63

Map labels:
Via Picci
Via della Cereria
Via Garibaldi
Via Betto dei Medici
Via Girolamo dei Medici
Via Crescentini
Piazza Bartolomei
Via del Duomo
Via Rossi
Via Dolce
Piazza della Libertà
Via Bramante
Via Gigli
Via Cagnacci
Via Macci
Via Fontana
Via Ugolini
Corso Vittorio Emanuele
Via S. Antonio
Via Piccini
Piazza S. Cristoforo
Piazza della Rovere

Using the map on pages 38 and 39, give your partner clear directions to one of the places of interest in the town. Your partner should follow your directions in their own book and guess where you have led them. Begin from **l'ufficio informazioni**.

Note: You can take them the long way if you like!

Allora, prenda Corso Vittorio Emanuele e vada verso Piazza San Cristoforo.

Va bene. E poi?

Quando arriva in Via Garibaldi, giri a sinistra.

Un momento…Arrivo in Via Garibaldi e giro a sinistra. Va bene…E poi?

Prenda la prima strada a destra, poi giri di nuovo a destra…

Piano, piano!!…Destra…poi destra…

…ed è in Via della Cereria, e lì sulla sinistra c'è…

…la pasticceria!?

Sì, bravo!

L'accento giusto

gl, gn

- In Italian, the letters **gl** are pronounced like the 'lli' in the English word 'million': **gli**, **agli**, **figlia**.

- The letters **gn** are pronounced like the 'ny' in the English word 'canyon': **signore**, **ogni**, **insegnante**.

Practise these sentences.

Gli studenti vanno a scuola ogni giorno.
L'insegnante abita in Via Gigli.
La signora Gigliola ha tre figli.
Guglielmo è uno dei figli degli Agnelli.
Cagliari è piena di gigli e castagne in giugno e luglio.
La moglie di Gianni Carigni insegna a Battipaglia.
Il signor Magnani mangia gnocchi ogni giovedì.

Se il coniglio
gli agli piglia
levagli gli agli
e tagliagli gli artigli.

Scioglilingua

Scioglilingua

Sport e passatempi

8 luglio

Lucia Burns
Via Betto dei Medici 17
61049 Urbania
(Pesaro e Urbino) ITALIA

Cara Patrizia,

Come stai? È ancora strano per me che ci diamo del tu. Dopo tutto, per sei anni sei stata la mia professoressa d'italiano.

Io sto molto bene e sono veramente contenta. Sono qui a Urbania da una settimana. Abito con una famiglia molto simpatica, i Pierini, e frequento il Centro Studi Italiani. Grazie per tutti i consigli e suggerimenti. Sono stati molto utili.

Ho promesso di scrivere tante lettere dall'Italia ma questa è solo la seconda, dopo un mese. Forse le mie lettere sono come i miei compiti...sempre in ritardo! Non sono cambiata.

Di che cosa scrivo? Delle mie impressioni dell'Italia? Sì, ti scrivo trecento parole su 'i passatempi degli italiani'. Come tu sai, mi piacciono i passatempi!

Il mio passatempo preferito qui a Urbania è fare una passeggiata in centro. Gli italiani amano fare passeggiate. Ogni sera, dopo cena, faccio una passeggiata con i miei amici. Corso Vittorio Emanuele non è molto lungo ma noi andiamo su e giù, su e giù. Il mio record è trentasette, ma Aurelio (il figlio dei Pierini) dice che lui ha completato il percorso centoventiquattro volte in una sera!

Che cosa facciamo? Parliamo, ascoltiamo (io molto), scherziamo (la mia amica Annamaria molto molto) e prendiamo un gelato al bar. Molte volte quando passeggiamo, parliamo di che cosa fare. Andare al cinema o a teatro? Chi invitare? Adesso è estate e ci sono tanti concerti e tante commedie. Molte volte sono all'aria aperta. Mi piace come gli italiani usano i monumenti antichi, i teatri romani o greci, per i concerti o altri spettacoli.

A Verona c'è l'Arena, che è simile al Colosseo di Roma, solo più piccola. (Scusa, dimentico che tu conosci l'Italia molto bene!) Allora, io, Lucia Burns, sono andata all'opera! Sì, è vero. Ho visto <u>Turandot</u>. È stato fantastico. Adesso l'opera lirica mi piace...un po', ma preferisco ancora la musica moderna.

Se parliamo di musica moderna, una cosa molto strana è che i ragazzi italiani ascoltano la musica inglese. Ci sono anche cantanti italiani ma i giovani conoscono tutti i gruppi e i cantanti americani, inglesi e anche australiani.

Se parliamo di cinema, è la stessa cosa. Qui arrivano tutti i film americani (ci sono anche alcuni film italiani). Domani andiamo a vedere l'ultimo film di James Bond in italiano. Alla televisione,

continua

poi, ci sono tutti i miei programmi preferiti. Fa veramente ridere sentire Homer Simpson parlare in italiano. Ci sono molti canali televisivi qui in Italia...più di cento. Anche una piccola città come Urbania ha una stazione televisiva.

E poi c'è lo sport. Gli italiani amano lo sport! Parlano di sport, ascoltano lo sport, guardano lo sport e a volte anche fanno lo sport. Il ciclismo mi piace molto. Adesso c'è il Giro d'Italia. Uno sport che non mi piace è l'automobilismo. Tutti parlano di Formula Uno, di Monza e di altre cose che non capisco. C'è solo una cosa che capisco...la rossa Ferrari...è bellissima!

Adesso gioco a bocce! I Pierini hanno un campo da bocce dietro la loro casa. Ricordo che, per la giornata italiana, una volta tu hai portato le bocce a scuola.

Se è vero che gli italiani amano lo sport, adorano il calcio! Adesso anch'io parlo di calcio con i miei amici italiani. Io tifo per la Juventus (mi piacciono i colori). Due giorni fa ha giocato la Nazionale Italiana. Sai cosa? Durante la partita la città era deserta. Tutti guardavano la televisione a casa o al bar.

Ho comprato una cassetta per te. C'è una canzone che mi piace, è 'Un'estate italiana'. Era la canzone ufficiale dell'ultima Coppa del Mondo in Italia. Spero che ti piaccia. Forse la puoi fare ascoltare ai tuoi studenti.

Mamma mia, ho già scritto più di cinquecento parole. Questo non è normale. Forse sto male.

Ho fatto molti amici, qui, italiani e persone che vengono da tutte le parti del mondo. La mia migliore amica è Annamaria. È molto spiritosa. Scherza sempre. Poi ci sono Caterina, Tim, Stefano e Carlo (un ragazzo mooolto strano!!). Domani andiamo al compleanno di Giovanni (un ragazzo di vent'anni, alto e bruno)! Ti scrivo tutto nella prossima lettera.

Scrivimi a questo indirizzo.

Un caro abbraccio

Lucia

P.S. Ti mando una foto di una tua studentessa sulla Costa Ligure.

SCRIVERE UNA LETTERA

Caro/a	Dear
Carissimo/a	Dearest
Egregio Signore	Dear Sir
Gentile Signora	Dear Madam
cordiali saluti	Yours truly
distinti saluti	Yours faithfully
tanti saluti	Best wishes
arrivederci a presto	See you soon
baci ed abbracci	Kisses and hugs
un caro abbraccio	a big hug

Canzone

Un'estate italiana

Cantanti: Edoardo Bennato
Gianna Nannini

Forse non sarà una canzone
a cambiare le regole del gioco
ma voglio viverla così quest'avventura
senza frontiere e con il cuore in gola

E il mondo in una giostra di colori
e il vento accarezza le bandiere
arriva un brivido e ti trascina via
e sciogli in un abbraccio la follia

Notti magiche
inseguendo un goal
sotto il cielo
di un'estate italiana

E negli occhi tuoi
voglia di vincere
un'estate
un'avventura in più

Quel sogno che comincia da bambino
e che ti porta sempre più lontano
non è una favola – e dagli spogliatoi
escono i ragazzi e siamo noi

Notti magiche
inseguendo un goal
sotto il cielo
di un'estate italiana

E negli occhi tuoi
voglia di vincere
un'estate
un'avventura in più

Notti magiche
inseguendo un goal
sotto il cielo
di un'estate italiana

E negli occhi tuoi
voglia di vincere
un'estate
un'avventura in più

un'avventura, un'avventura in più,
un'avventura – goal!

Musica di Giorgio Moroder
Testo di Edoardo Bennato, Gianna Nannini, Tom Whitlock
Sugarmusic Edizioni Musicali S.r.l./Giorgio Moroder Publishing

un goal

Parole nuove

ESPRESSIONI UTILI

a lunedì!	see you Monday!
ci vediamo!	see you!
poveretto	poor thing
uffa!	oh, good grief!

IN CITTÀ

l'agenzia viaggi	travel agency
la **banca**	bank
la **chiesa**	church
la **farmacia**	pharmacy
il **generi alimentari**	grocery store
il **mercato**	market
la **pasticceria**	cake shop
il **ristorante**	restaurant
il **supermercato**	supermarket
l'ufficio informazioni	information office
l'ufficio postale	post office

VERBI

andare	to go
completare	to complete
disturbare	to intrude, to disturb
fare	to do, to make
girare	to turn
portare	to take, to bring
prendere	to take, to get
ritornare	to return
terminare	to finish
vedere	to see

AGGETTIVI

generoso	generous
grande	big
intelligente	intelligent
interessante	interesting
libero	free
vecchio	old
vero	true

NOMI

l'articolo	article
il **chilometro**	kilometre
il **compleanno**	birthday
l'esercizio	exercise
il **fratello**	brother
il **giorno**	day
i **grandi**	grown-ups
l'indirizzo	address
il **posto**	place
la **bambina**	young girl
la **festa**	party, feast
la **figlia**	daughter
la **macchina**	car
la **notte**	night
la **pagina**	page
la **parola**	word
la **persona**	person
la **torta**	cake

ALTRE PAROLE

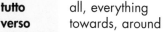

affatto	at all
almeno	at least
domani	tomorrow
per	for
poi	then
tuo	your
tutto	all, everything
verso	towards, around

Riassunto di grammatica

1 Regular verbs ending in *-ere*

Regular verbs ending in **-ere** follow the pattern shown in the table below. You take away the **-ere** ending from the infinitive, and add the appropriate ending.

scrivere	to write
scrivo	I write
scrivi	you write (*s., inf.*)
scrive	he, she, it writes; you write (*for.*)
scriviamo	we write
scrivete	you write (*pl.*)
scrivono	they write

Adesso scrivo il mio nome.

2 Irregular verbs

Irregular verbs are verbs which do not follow a regular pattern. **Essere** and **avere** are two irregular verbs we have seen so far. Some others are:

andare	to go
vado	I go
vai	you go (*s., inf.*)
va	he, she, it goes; you go (*for.*)
andiamo	we go
andate	you go (*pl.*)
vanno	they go

venire	to come
vengo	I come
vieni	you come (*s., inf.*)
viene	he, she, it comes; you come (*for.*)
veniamo	we come
venite	you come (*pl.*)
vengono	they come

fare	to do, to make
faccio	I do
fai	you do (*s., inf.*)
fa	he, she, it does; you do (*for.*)
facciamo	we do
fate	you do (*pl.*)
fanno	they do

3 Articulated prepositions

The prepositions **a** ('to', 'at') and **da** ('from') combine with the definite article to form one word as in the table below.

	il	lo	la	l'	i	gli	le
a	al	allo	alla	all'	ai	agli	alle
da	dal	dallo	dalla	dall'	dai	dagli	dalle

*Vengo **dalla** banca. Vado **al** mercato.*

Da can also mean 'to' or 'at' when referring to a person or a person's house or place of business.

*Vado **da** Carlo.* — I'm going to Carlo's house.
*Oggi va **dal** medico.* — He's going to the doctor's today.

4 Mi piace o mi piacciono – 'I like'

Whereas **mi piace** or **ti piace** are used to say you like something or someone, **mi piacciono** or **ti piacciono** are used to say you like more than one thing or more than one person.

Mi piace la torta. ➤ *Mi piacciono* le torte.
Ti piace Lucia? ➤ *Ti piacciono* Annamaria e Lucia?

Un gelato al cioccolato e un'acqua minerale.

Seimila e cinquecento lire, grazie.

5 I numeri

With the exception of **uno**, numbers do not change.

> **un** ragazzo   **una** ragazza

Venti, **trenta**, **quaranta** etc. lose the final vowel when combined with **uno** or **otto**.

> **trentuno   settantotto**

Numbers that end in **-uno** lose the **o** when followed by plural nouns (except those beginning with **z** or with **s followed by a consonant**) or names of months.

> **ventun** anni   il **trentun** dicembre

Numbers that end in **-tré** have an accent on the final **é**, although **tre** on its own does not.

> **tre   ventitré   sessantatré**

One hundred and one thousand are simply **cento** and **mille**. They are *not* preceded by **un**. In the plural, **cento** does not change, whereas **mille** changes to **mila**.

> **cento   duecento   mille   duemila**

A point is used instead of a comma for numbers over a thousand.

> **2.967   4.328.465**

A comma (**virgola**) is used instead of a decimal point to express fractions.

> **7,5   sette virgola cinque**
> seven point five

Numbers are generally written as one word.

> **trecentoventicinque**

Ci sono molti fiori in questa campagna. Questi fiori mi piacciono molto.

6 Molto, tanto, troppo

Each of these words can be used in two ways.

As adjectives they have these meanings:

> **molto** – many, much
> **tanto** – so many, so much
> **troppo** – too many, too much

When used in this way, the endings change to agree with the noun.

> *Ci sono tant**e** ragazz**e** in questa scuola.*
> *Abbiamo sempre tropp**i** compiti.*

As adverbs they have these meanings:

> **molto** – very, a lot
> **tanto** – so, so much
> **troppo** – too, too much

When used in this way, the endings do not change.

> *Lei è molt**o** alta.*
> *Giovanni legge e scrive tant**o**.*
> *Lavoriamo tropp**o** in questa scuola.*

7 Vado al, vado in, vado a

Using prepositions correctly is one of the more difficult aspects of learning Italian. There are few clear-cut rules since their usage is mainly idiomatic. You'll have to make an effort to memorise expressions as you come across them.

> *Vado **all'**agenzia viaggi.*
> *Vado **alla** festa.*
> *Vado **al** generi alimentari.*
> *Vado **al** mercato.*
> *Vado **al** ristorante.*
> *Vado **al** supermercato.*
> *Vado **all'**ufficio informazioni.*
> *Vado **all'**ufficio postale.*
>
> *Vado **in** banca.*
> *Vado **in** chiesa.*
> *Vado **in** città.*
> *Vado **in** farmacia.*
> *Vado **in** pasticceria.*
> *Vado **in** pizzeria.*
> *Vado **in** ufficio.*
>
> *Vado **a** scuola.*
> *Vado **a** teatro.*

Capitolo quattro

Salve. Io sono Carlo Pasotto. Io e mia moglie Anna lavoriamo al Centro Studi Italiani. Noi siamo i direttori. Oggi è una giornata importante perché festeggiamo il compleanno di nostro figlio Giovanni.

MIRASOLE' di URBINO
VIA SAN GIOVANNI IN POZZUOLO 52

Domenica pomeriggio, alle due e venticinque, i ragazzi arrivano a casa Pasotto con la loro 127. La famiglia Pasotto abita in una bella casa in campagna che i Pasotto chiamano 'Mirasole di Urbino'.

Benvenuti, ragazzi. Un momento che chiamo mia moglie...Anna, gli studenti sono qui!

La vostra casa è bellissima!

Grazie. Sei molto gentile.

Dove sono i regali?

Scusate! Donatella sei veramente sfacciata.

Allora, questo è Giovanni!

Piacere, io sono Giovanni. Voi frequentate il Centro Studi, vero?

Sì, esatto. Molto lieto, io sono Carlo.

Anch'io vado a scuola.

Tanti auguri per il tuo compleanno, Giovanni.

4

Questo non è mio figlio Giovanni, questo è mio cognato.

Zio Giovanni non è mio fratello.

Oh, mi' scusi!

Non c'è di che. Andiamo dentro?

5

Vedete quanto è grande Giovanni?

Questo è tuo fratello Giovanni!? Adesso capisco. Sì, è grandissimo!

6

Auguri! Buon compleanno!

Grazie. Siete molto gentili.

Perché non apri i tuoi regali, Giovanni?

7

Mi dispiace, è un po' grande.

Ma no. È il regalo perfetto... per lo zio Giovanni!

Forza Juve

Mamma, guarda! La mia squadra preferita, la Juventus.

Blah, non mi piace il calcio.

8

Venite, ragazzi. Prendete qualcosa da bere? Una Coca-Cola? O forse preferite qualcos'altro?

No, grazie. Non mi piace la Coca-Cola, è troppo dolce. Preferisco l'acqua minerale.

Non ti piace la Coca-Cola!?

9

Tanti auguri a te, Tanti auguri a te, Tanti auguri a Giovanni, Tanti auguri a te...Bravo Giovanni, auguri, auguri! ♪♪

Adesso tagliamo la torta.

Mi piacciono le torte italiane. Sono molto buone.

Sì, lo so. Ti piacciono le torte, le paste, i gelati...Ti piacciono tutti i dolci!

Chi prende un altro pezzo di torta?

Sì, grazie. È buonissima. Un momento che finisco questo pezzo.

Mm...che cosa prendo? Un pezzo di torta, o forse un cioccolatino?

Il ragazzo alto mangia tutta la torta.

Carlo, adesso tu sei mio fratello e anche mio marito.

Carlo, sei irresistibile!

Cosa ci posso fare?

DOMANDE

1. A che ora arrivano i ragazzi?
2. Come arrivano i ragazzi?
3. Dove abita la famiglia Pasotto?
4. Come si chiama la loro casa?
5. Qual è la squadra preferita di Giovanni?

6. Perché Annamaria non beve Coca-Cola?
7. Che cosa beve Annamaria?
8. Secondo Tim, sono buone le torte italiane?
9. Chi prende un altro pezzo di torta?
10. Carlo è il fratello di Donatella?

La famiglia di Donatella

lo zio Stefano
61 anni

lo zio Giovanni
28 anni

lo zio Antonio
54 anni

la zia Emilia
44 anni

il fratello Gio...
11 anni

il cugino Cristoforo
10 anni

la cugina Marcella
13 anni

il cugino Marco
12 anni

A Chi è **Marco**?

È **il cugino** di Donatella.

B Quanti **fratelli** ha Donatella?

Donatella ha **un fratello**.

C Donatella, quanti anni ha tu**o zio Antonio**?

Mi**o zio Antonio** ha **54 anni**.

D Come si chiama **il padre** di Donatella?

Suo padre si chiama **Carlo**.

E Donatella e Francesca, come si chiam**ano**
i vostri **genitori**?

I nostr**i genitori** si chiam**ano** Anna e Carlo.

la nonna Irene
67 anni

il nonno Salvatore
73 anni

la madre Anna
45 anni

il padre Carlo
52 anni

la sorella Alba
12 anni

la sorella Francesca
5 anni

Donatella
4 anni

la sorella Lucia
8 anni

la sorella Laura
7 anni

LA FAMIGLIA

la **madre**	mother
la **mamma**	mother, mum
il **padre**	father
il **papà**	dad, father
i **genitori**	parents
la **sorella**	sister
il **fratello**	brother
la **figlia**	daughter
il **figlio**	son
la **zia**	aunt
lo **zio**	uncle
la **cugina**	cousin (*female*)
il **cugino**	cousin (*male*)
la **nonna**	grandmother
il **nonno**	grandfather
la **moglie**	wife
il **marito**	husband
la **cognata**	sister-in-law
il **cognato**	brother-in-law

Il calendario di Giovanni

DICEMBRE	GENNAIO	FEBBRAIO
1 M S. Ansano	1 S CAPO D'ANNO	1 M *compl. DONATELLA*
2 G S. Bianca	2 D *compl. Laura*	2 M S. Baldo
3 V S. Francesco	3 L SS Nome di Gesù	3 G S. Oscar
4 S S. Barbara	4 M S. Fausta	4 V S. Giuseppe
5 D S. Cristina	5 M S. Amata	5 S S. Agata
6 L S. Nicola	6 G L'EPIFANIA	6 D S. Amando
7 M S. Ambrogio	7 V S. Luciano	7 L S. Riccardo
8 M Imm. Conc. di Maria	8 S Battesimo di Gesù	8 M S. Ermanno
9 G S. Elvira	9 D S. Giuliano	9 M S. Rinaldo
10 V S. Cesare	10 L S. Aldo	10 G S. Silvano
11 S S. Damaso	11 M S. Martino	11 V B.V. di Lourdes
12 D S. Giovanna	12 M S. Bonito	12 S S. Rico
13 L S. Lucia	13 G S. Ilario	13 D S. Rosa
14 M S. Filemone	14 V S. Benedetta	14 L S. Valentino
15 M S. Nino	15 S S. Mauro	15 M CARNEVALE
16 G S. Ivano	16 D S. Priscilla	16 M S. Samuele
17 V S. Viviana	17 L S. Alba	17 G S. Teodulo
18 S S. Adele	18 M S. Facio	18 V S. Simone
19 D S. Lillo	19 M S. Mario	19 S S. Tullio
20 L S. Nicolino	20 G S. Sebastiano	20 D S. Nilo
21 M S. Vindo	21 V S. Agnese	21 L S. Irene
22 M S. Remo	22 S S. Anastasio	22 M S. Margherita
23 G S. Vittoria	23 D S. Amasio	23 M S. Romina
24 V S. Tarsilla	24 L *compl. nonno SALVATORE*	24 G S. Berto
25 S NATALE	25 M Conv. di S. Paolo	25 V S. Adelmo
26 D S. Stefano	26 M S. Timoteo	26 S S. Nestore
27 L S. Fabiola	27 G S. Angela	27 D S. Gabriele
28 M S. Cesario	28 V S. Tommaso	28 L *compl. MARCELLA*
29 M S. Davide	29 S S. Costanzo	
30 G S. Ruggero	30 D S. Martina	
31 V S. Silvestro	31 L S. Gaudo	

A Che giorno è **il 16 dicembre**?
È **giovedì**.

B Quando è il compleanno di **Marcella**?
Il suo compleanno è **il 28 febbraio**.

C **Alba**, quando è il tuo onomastico?
Il mio onomastico è **il 17 gennaio**.

D Che cos'è **il 26 dicembre**?
È **la festa di Santo Stefano**.

LE FESTE

il **carnevale**	carnival
il **capo d'anno**	New Year's Day
l'**Epifania**	Epiphany
il **Natale**	Christmas
l'**onomastico**	name day
la **Pasqua**	Easter
il **santo**	saint

I MESI

gennaio	January
febbraio	February
marzo	March
aprile	April
maggio	May
giugno	June
luglio	July
agosto	August
settembre	September
ottobre	October
novembre	November
dicembre	December

Note: In Italian, the months are written with a small letter.

Mi piacciono le feste

Le feste

Mi piacciono le feste. Torte, giochi, musica e, naturalmente, tanti regali! Per il mio compleanno facciamo sempre una festa. Invitiamo tutti i nostri parenti e a volte anche i miei amici di scuola. Mi piace quando vengono anche lo zio Antonio e la zia Emilia da Venezia. Loro portano sempre bellissimi regali.

Il Natale è la festa di tutta la famiglia. La sera del 24 dicembre, dopo una cena speciale, giochiamo a tombola e a carte fino a tardi, poi andiamo in chiesa per la Messa di mezzanotte. Ma quando ritorniamo a casa, non ci sono ancora i regali, perché in casa nostra non è Babbo Natale a portare i regali ma la Befana.

La Befana è una vecchia signora che visita i bambini il 6 gennaio, per l'Epifania, il giorno in cui, secondo la tradizione, i Re Magi hanno portato i regali a Gesù Bambino. Donatella è sempre brava in questo periodo perché ai bambini cattivi la Befana non porta regali, ma carbone! Porta un regalo anche a me, anche se non sono un bambino!

Per il mio onomastico facciamo una piccola festa in famiglia. Viene anche lo zio Giovanni perché abbiamo lo stesso onomastico. Ci sono tanti San Giovanni, così abbiamo tanti onomastici. Purtroppo noi ne festeggiamo solo uno, quello di San Giovanni Battista, il 24 giugno.

La festa di San Cristoforo è il 25 luglio.

Mio cugino Cristoforo è fortunato perché tutta Urbania festeggia il suo onomastico. Beh, la festa non è proprio per lui, ma per San Cristoforo che è il patrono di Urbania. Quasi tutte le città italiane hanno un santo patrono. I più famosi sono forse San Francesco d'Assisi e Santa Caterina da Siena che sono anche i patroni di tutta l'Italia.

A parte le feste religiose, ci sono anche le sagre...la sagra del pesce, la sagra dell'uva, la sagra del formaggio. Sono sicuro che in Italia si festeggia ogni frutto, verdura e genere alimentare.

Poi ci sono le feste che hanno un'origine storica. Ci sono il Palio di Siena che è una corsa di cavalli, e la partita di calcio in costume a Firenze. Ma secondo me, una delle feste più belle è il Carnevale.

Ogni anno, a Carnevale, andiamo a visitare gli zii a Venezia. Il Carnevale di Venezia è bellissimo e molto divertente. Il martedì grasso tutta Venezia è piena di persone in maschera che cantano, scherzano e ridono. Papà canta e balla in Piazza San Marco fino all'alba, ma purtroppo io e le mie sorelle ritorniamo a casa con la mamma verso mezzanotte. Secondo me è ridicolo. Ho undici anni adesso. Non sono più un bambino!

FRUTTA E VERDURA

l'**arancia**	orange
la **cipolla**	onion
la **fragola**	strawberry
il **fungo**	mushroom
il **limone**	lemon
la **mela**	apple
la **melanzana**	eggplant, aubergine
la **patata**	potato
la **pera**	pear
il **pomodoro**	tomato
l'**uva**	grapes
la **zucchina**	zucchini, courgette

A Ti piac**ciono** le **pere**?

Sì, mi piac**ciono**.

B Scusi, quanto cos**tano i limoni**?

2.500 lire al chilo. **Sono** buonissim**i** oggi.

C Vorrei **due** chil**i** di **pomodori**, per favore.

Ecco a Lei. **4.000** lire, grazie.

D Ti piac**ciono le fragole** o preferisci **l'uva**?

Preferisco **l'uva**, grazie.

I PESI

un **chilo**	kilo
mezzo chilo	half a kilo
un **grammo**	gram
cento grammi	one hundred grams
un **etto**	one hundred grams

Al mercato

Fruttivendolo: Buongiorno. Desidera?

Cliente: Vorrei **due chili di pomodori**, per favore.

Fruttivendolo: Ecco a Lei. Sono **4.000 lire**. Vuole altro?

Cliente: Quanto cost**ano** quest**i fagioli**?

Fruttivendolo: **3.000 lire** al chilo.

Cliente: Sono buon**i**?

Fruttivendolo: Ma certo. **Sono** buonissim**i**.

Cliente: Va bene. Mi dia **un chilo** di **fagioli** allora.

Fruttivendolo: Benissimo. Sono **3.000 lire**. Altro?

Cliente: No, è tutto. Quanto viene?

Fruttivendolo: **7.000 lire**, grazie.

Cliente: Grazie a Lei. Buongiorno.

Fruttivendolo: Buongiorno.

PAROLE NUOVE	
costare	to cost
desidera?	can I help you?
ecco a Lei	here you are
mi dia…	could I have…?
quanto viene?	how much does that come to?
vuole altro?	would you like something else?
i **broccoli**	broccoli
la **carota**	carrot
il **fagiolo**	bean
la **lattuga**	lettuce
il **peperone**	capsicum, pepper
gli **spinaci**	spinach

A tu per tu due

A tavola

A

Venite a tavola. Accomodatevi.	La colazione / Il pranzo / La cena	è pronto/a!

B

Che cosa	mangiamo / c'è da mangiare	oggi? / stasera?

A

Ci sono	latte e biscotti / spaghetti / panini con prosciutto	o	minestrone. / Corn Flakes e latte. / pizza.

Venite a tavola.
La cena è pronta.

B

Prendo / Vorrei / Preferisco	il / la / i / gli	_____ ,	per favore. / grazie.	E da bere, che cosa	c'è? / abbiamo?

A

Beh, c'è / Beh, abbiamo	acqua / acqua minerale / caffellatte	e	Coca-Cola. / succo d'arancia. / birra.

B

Non mi piace	il / la / l'	_____ .	Preferisco	il / la / l'	_____ ,	grazie.

A Ecco. Buon appetito!

B Grazie, altrettanto.

Non mi piace la pizza.
Preferisco i dolci.
Brava, mamma.

A TAVOLA

la (prima) colazione	breakfast	il **biscotto**	biscuit
il **pranzo**	lunch	il **caffellatte**	caffellatte, coffee with milk
la **cena**	dinner	il **latte**	milk
		il **minestrone**	minestrone (*thick vegetable soup*)
accomodatevi	make yourselves comfortable	il **prosciutto**	ham
bere	to drink	gli **spaghetti**	spaghetti
buon appetito!	enjoy your meal!	il **succo d'arancia**	orange juice
grazie, altrettanto	thank you, same to you		

Tocca a voi uno

You've received a supermarket catalogue with the following fruits and vegetables on special. With a partner compare the items and their prices with those at the market and find the eleven differences.

You look only on this page and your partner looks only on page 60.

To find the differences, you'll have to keep asking each other questions like:

Ci sono pere al mercato?
Quanto costano le arance?
Il supermercato vende patate?

Record your answers, then check them on page 160.

arance
L.1.500 kg

fragole
L.9.000 kg

banane
L.2.500 kg

patate
L.1.000 kg

uva
L.3.500 kg

carote
L.1.500 kg

pere
L.2.500 kg

broccoli
L.3.000 kg

funghi
L.11.000 kg

mele
L.2.500 kg

pomodori
L.2.000 kg

CONAD
PER UN SACCO DI BUONI MOTIVI.

Tocca a voi due

Bring a photo (or photos!) of your family to class
and tell a classmate about the people in the photo.

Tocca a voi tre

You've decided to throw a party and have asked a
classmate to help you organise it. Together you'll
need to decide on a date, time and place, who to
invite and why, what food and drink you'll need to

buy (**comprare**) and anything else you think will help
make the party a success.

Note: You may not always agree on everything
immediately!

14 luglio

Tema: "La mia famiglia italiana"

La famiglia Pierini ha adottato una figlia! Non è una bambina piccola e non è una ragazzina, è una ragazza di quasi vent'anni... Sono io!

Da quando sono arrivata ad Urbania, Enzo e Grazia Pierini mi trattano come una figlia. Loro hanno già tre figli maschi: Gianni, Riccardo e il piccolo Filippo. Adesso io sono la figlia che hanno sempre voluto.

Enzo, il mio padre italiano, è direttore di una fabbrica di jeans mentre Grazia è un'insegnante. In questo periodo, tutti, eccetto Enzo, sono in vacanza. Le scuole qui in Italia chiudono da giugno a settembre. Anche la fabbrica di Enzo chiude per tutto il mese di agosto. Per gli italiani le vacanze estive sono molto importanti.

Una cosa che trovo molto strana, qui in Italia, è che la giornata si divide in due: di mattina tutti i negozi e gli uffici sono aperti, ma tra l'una e le quattro tutto è chiuso. Il centro di Urbania è deserto. Poi, alle quattro, comincia la seconda parte della giornata.

Verso l'una e mezza io ritorno da scuola ed Enzo ritorna dal lavoro. Ogni giorno Grazia prepara un magnifico pranzo: un primo, un secondo e una frutta fresca. Per molti italiani, il pranzo è il pasto più importante della giornata.

Dopo il pranzo i ragazzi aiutano a lavare i piatti e puliscono la cucina. Quando finiscono vanno a fare un pisolino. A me non piace dormire durante il giorno e poi ho sempre troppi compiti da fare. A volte, anche Enzo fa un pisolino prima di ritornare al lavoro. Grazia preferisce leggere il giornale.

Di sera, dopo cena, guardiamo la televisione o andiamo a fare una passeggiata. A volte, se non sono troppo stanca, insegno l'inglese a Filippo. Anche lui mi ha adottato.

(295 parole)

'iu are mai sista.'

L'accento giusto

1 Vowel combinations

When a word contains two or more vowels together, each vowel retains its own basic sound.

Practise these sentences.

I tuoi amici sono noiosi.
Paolo e Mauro suonano il flauto.
Sono australiano e mi piace l'Europa.
I miei zii vanno insieme a Taormina.
Che belle aiuole!

Scioglilingua

Sotto le frasche del capanno
quattro gatti grossi stanno.
Sotto quattro grossi sassi
quattro gatti grossi e grassi.

2 Double consonants

In Italian, double consonants are stressed more than single ones. This can be achieved by maintaining the sound slightly longer or by saying it with slightly more emphasis.

Practise these sentences.

Ho sonno e sono stanco.
Ogni sera chiudo la serra.
A casa ho una cassa pesante.
Mi fa pena il ragazzo senza penna.
Quando ho sete bevo sette birre.

Parole nuove

ESPRESSIONI UTILI

auguri	congratulations
buon compleanno!	happy birthday!
cosa ci posso fare?	what can I do about it?
di chi è...?	whose is...?
esatto	that's right, exactly
guarda!	look!
lo so	I know
mi scusi	excuse me
non c'è di che	don't mention it
qualcos'altro	something else
tanti auguri a te!	happy birthday to you!
un altro	another
un momento	just a moment

VERBI

aprire	to open
dormire	to sleep
partire	to leave
sentire	to hear
capire	to understand
finire	to finish
preferire	to prefer
pulire	to clean
suggerire	to suggest
festeggiare	to celebrate
mettere	to put
scusare	to excuse
tagliare	to cut

NOMI

il cioccolatino	chocolate
il direttore	director, principal
il pezzo	piece
il regalo	gift
la campagna	country
la giornata	day
la squadra	team

AGGETTIVI

caro	dear
dolce	sweet
irresistibile	irresistible
perfetto	perfect
sfacciato	cheeky

ALTRE PAROLE

dentro	inside
preferito	favourite
qualcosa (da)	something (to)
sposato	married
veramente	really

Riassunto di grammatica

1 Regular verbs ending in -ire

Regular verbs ending in **-ire** are divided into two groups, and follow one of the patterns shown in the tables below.

apr**ire** to open	prefer**ire** to prefer
apr**o**	prefer**isco**
apr**i**	prefer**isci**
apr**e**	prefer**isce**
apr**iamo**	prefer**iamo**
apr**ite**	prefer**ite**
apr**ono**	prefer**iscono**

Dormire, **sentire**, and **partire** follow the **aprire** pattern. For verbs like **aprire**, you take away the **-ire** from the infinitive, and add the appropriate ending.

Suggerire, **finire**, **capire**, and **pulire** follow the **preferire** pattern. For verbs like **preferire**, you take away the **-ire** from the infinitive, insert **-isc** for the **io**, **tu**, **lui** and **loro** forms, then add the appropriate ending. Note that the endings for both groups are the same.

2 Irregular verbs

bere   to drink
bevo
bevi
beve
beviamo
bevete
bevono

3 Possessives

singular		plural		
masc.	fem.	masc.	fem.	
il mio	**la mia**	**i miei**	**le mie**	my, mine
il tuo	**la tua**	**i tuoi**	**le tue**	your, yours (s., inf.)
il suo	**la sua**	**i suoi**	**le sue**	his, her, hers, its; your, yours (for.)
il nostro	**la nostra**	**i nostri**	**le nostre**	our, ours
il vostro	**la vostra**	**i vostri**	**le vostre**	your, yours (pl.)
il loro	**la loro**	**i loro**	**le loro**	their, theirs

Possessives are usually preceded by the definite article. They always agree with the object possessed, not with the owner.

> *Perché non apri **i tuoi** regali, Giovanni?*
> ***La** vostra casa è bellissima.*

When the possessive follows **essere** and means 'mine', 'yours' etc., the article is usually omitted.

> *Di chi è questo libro? – È **mio**.*
> *Questi regali non sono **tuoi**, sono **miei**.*

It is also omitted when referring to a family member in the singular.

> *Questo non è **mio** figlio, è **mio** cognato.*

However, with the possessive **loro**, with family members in the plural and when followed by an adjective, the article is required.

> *Giovanni è **il loro** fratello.*
> ***I miei** zii sono qui oggi.*
> *Enzo è **il mio** padre italiano.*

When speaking to someone using the **Lei** form, the possessive **Suo** is used. Note that **Suo** can be written with a small or capital **S**.

> *Signora Pasotto, la **Sua** casa è bellissima.*

Giovanni e Donatella bevono un'aranciata insieme.

4 Dates

With the exception of **primo**, the numbers **due**, **tre**, etc. are used to express the date in Italian. The definite article **il** is used to say both 'the' and 'on the'.

*Oggi è **il primo** giugno. Domani è **il due** giugno.*
*Il mio compleanno è **il quindici** marzo.*

5 Santo

When used before a name, the word **santo** changes according to the name it precedes, and is written with a capital letter.

	masculine	feminine
before a consonant	**San** Giovanni	**Santa** Lucia
before a vowel	**Sant'**Antonio	**Sant'**Anna
before z, or s followed by a consonant	**Santo** Stefano	

Il 24 giugno è la festa di San Giovanni.

6 -issimo – 'very'

To say that something is *very* beautiful, *very* big etc., you can take away the final vowel from the adjective and add **-issimo**. The ending always changes to agree with the noun it is describing.

*La vostra cas**a** è bellissim**a**.*
*I dolc**i** italiani sono buonissim**i**.*

7 Me, te, lui... – disjunctive pronouns

Disjunctive pronouns are used after a preposition or immediately after a verb.

*Tanti auguri a **te**.*

Often they are used for emphasis or contrast.

*Giovanni fa un panino per **me**, non per **te**.*

me	me
te	you (s.)
lui	him
lei	her
noi	us
voi	you (pl.)
loro	them

Notice that apart from **me** and **te**, disjunctive pronouns are the same as subject pronouns.

Questo regalo è per te.

Per me? Grazie.

Questo è Roberto Ferri. Roberto lavora al Centro Studi Italiani, nell'ufficio della scuola. Organizza le gite per gli studenti.

Che cosa fai, Roberto?

Mi preparo per la gita di questo pomeriggio. Caro Giovanni, bisogna sempre prepararsi bene. Io non sopporto le persone che prendono tutto alla leggera.

Roberto, sei troppo serio. Ti arrabbi troppo facilmente.

1

La gita preferita di Roberto è quella ecologica. La organizza una volta al mese, quando porta degli studenti a vedere le colline vicino ad Urbania. Roberto ama la campagna, gli spazi aperti e la natura.

Roberto è una persona molto seria. Beh...non sempre. Si diverte quando è con i suoi amici, ma al lavoro è un tipo preciso ed esigente. Quando dice, 'C'incontriamo alle quattordici e venticinque', non scherza. Eccolo che aspetta...e non è contento!

Ciao, piccolo. Come stai oggi?

2

Dove sono quei ragazzi? Sono già le due e trentasette.

3

Ma dopo tre quarti d'ora di camminare i ragazzi cominciano a stancarsi...

I ragazzi sono stanchi ma Roberto li fa salire su una collina.

Finalmente arrivano in cima e si fermano.

Mi dispiace se siete troppo stanchi. C'è una bellissima vista da qui.

Io non mi muovo se prima non mangiamo e beviamo qualcosa.

Bravo, Tim. La vista è splendida, ma la godiamo meglio con un bel panino al tonno.

Ho sete. Non ce la faccio più! Voglio acqua! Dov'è l'acqua?

10 Eccola. È nello zaino. Abbiamo acqua minerale, panini, scatolette di tonno e di carne.

'Tonno Primavera...di giorno e di sera.' Così dicono alla TV.

Mi piace il tonno. Lo mangio spesso!

Roberto, facciamo un panino anche per te!

No grazie, sono vegetariano. Non mangio né carne né pesce.

Annamaria, dov'è l'apriscatole?

11 L'apriscatole?...Non è nello zaino?

No, non c'è. Cosa facciamo adesso?

Come apriamo le scatolette, con i denti?

E come apriamo la bottiglia d'acqua minerale? Ho sete.

12 Un momento, ragazzi. Non abbiamo bisogno dell'apriscatole.

Apriamo la bottiglia su una roccia, e la scatoletta di tonno si apre da sola.

13

Dicono che l'aria aperta fa venire fame. È vero!

Tu hai *sempre* fame.

No, Tim! Che cosa fai? Metti la scatoletta nello zaino. Quando ritorniamo in centro, la mettiamo nel contenitore per il riciclaggio. In piazza ci sono contenitori per il vetro, la carta ed anche l'alluminio. Bisogna rispettare l'ambiente.

Calma, Roberto! Non capisci che scherzo?

Con lo stomaco pieno tutti sono più contenti. Si divertono a cantare e ammirano il panorama. Adesso anche Roberto è più calmo...per il momento.

Lasciatemi cantare con la chitarra in mano...♪♪ ♪♪

DOMANDE

1 Che cosa non sopporta Roberto?
2 Qual è la sua gita preferita?
3 Dove porta gli studenti?
4 Che tipo di persona è Roberto?
5 A che ora arrivano gli studenti?
6 Che tempo fa?
7 Che cosa fanno i ragazzi quando arrivano in cima alla collina?

8 Dove sono le scatolette di tonno?
9 Quando mangia il tonno Tim?
10 Perché non fanno un panino per Roberto?
11 Come aprono la bottiglia di acqua minerale?
12 Che cosa fanno i ragazzi quando finiscono di mangiare?
13 Roberto è ancora serio?

Botta e risposta uno

Il tempo

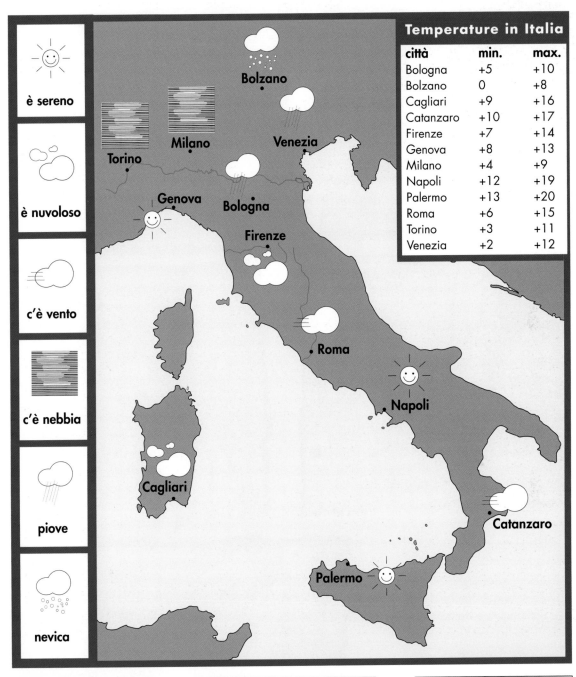

è sereno

è nuvoloso

c'è vento

c'è nebbia

piove

nevica

Temperature in Italia

città	min.	max.
Bologna	+5	+10
Bolzano	0	+8
Cagliari	+9	+16
Catanzaro	+10	+17
Firenze	+7	+14
Genova	+8	+13
Milano	+4	+9
Napoli	+12	+19
Palermo	+13	+20
Roma	+6	+15
Torino	+3	+11
Venezia	+2	+12

A Che tempo fa oggi a **Bologna**?

Oggi **piove**.

B Quant'è la temperatura **massima** oggi a **Venezia**?

Dodici gradi.

C A **Milano** fa più **caldo** che a **Palermo**?

No, fa più **freddo**.

CHE TEMPO FA?

fa bel tempo	it's lovely weather	**massimo**	maximum
fa caldo	it's hot	**minimo**	minimum
fa freddo	it's cold	la **temperatura**	temperature
gradi	degrees		

La giornata di Marco

A Che ore sono?
8 Sono le **diciannove e trenta**.

B Presto, sono le **sette e dieci**!
2 Va bene, adesso **mi alzo**.

C A che ora **ti vesti**, Marco?
5 **Mi vesto** alle **sette e trenta** precise.

D Marco **ritorna a casa** alle **diciotto** precise.
7 Anche noi **ritorniamo a casa** verso **le sei**.

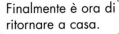

Sono pronto per andare al lavoro adesso.

Finalmente è ora di ritornare a casa.

VERBI RIFLESSIVI	
addormentarsi	to fall asleep
alzarsi	to get up
farsi la barba	to shave
lavarsi	to wash oneself
svegliarsi	to wake up
vestirsi	to get dressed
aprirsi	to open
arrabbiarsi	to get angry
divertirsi	to enjoy oneself
fermarsi	to stop
incontrarsi	to meet
muoversi	to move
prepararsi	to prepare oneself
ricordarsi	to remember
stancarsi	to become tired

Botta e risposta tre

In cucina

A Avanti! Prendi **i piatti**!

Un momento. Adesso **li** prendo.

B Presto! Dov**e sono i bicchieri**?

Ecco**li**. **Sono sugli scaffali.**

C Voglio **dell'olio**! Dov'è?

Non **lo** vedi? **È sul tavolo.**

IN CUCINA			
l'**aceto**	vinegar	il **piatto**	plate
il **bicchiere**	glass	il **sale**	salt
il **coltello**	knife	lo **zucchero**	sugar
il **cucchiaino**	teaspoon		
il **cucchiaio**	spoon	l'**acqua**	water
l'**olio**	oil	la **forchetta**	fork
il **pane**	bread	la **pasta**	pasta
il **pepe**	pepper	la **tazza**	cup

Al generi alimentari

Commessa: Buongiorno. Desidera?

Cliente: Vorrei de**lla mortadella,** per favore.

Commessa: Sì, certo. Quant**a** ne vuole?

Cliente: **Cento grammi,** grazie.

Commessa: Ecco a Lei. Sono **2.500 lire**. Vuole altro?

Cliente: Sì, quanto cost**a il prosciutto?**

Commessa: **3.500 lire** all'etto.

Cliente: Va bene. Mi dia **due etti** di **prosciutto**.

Commessa: **7.000 lire**. È tutto?

Cliente: Sì. Quanto viene?

Commessa: **9.500 lire**.

Cliente: Grazie. Buongiorno.

Commessa: Grazie a Lei. Buongiorno.

AL GENERI ALIMENTARI	
il **formaggio**	cheese
la **mortadella**	mortadella
l'**oliva**	olive
il **pomodoro secco**	sun-dried tomato
la **ricotta**	ricotta
il **salame**	salami

L'appuntamento

A | Che cosa facciamo | stasera? / domani?

B | Non lo so. Perché non | andiamo al cinema? / facciamo una passeggiata? / giochiamo a tennis? / andiamo al ristorante? | Mi piace / Mi piacciono | il tennis. / i film. / mangiare. / camminare.

A | Veramente io preferisco | andare al cinema. / fare una passeggiata. / giocare a tennis. / andare al ristorante.

C'incontriamo domani alle dieci, davanti al bar.

D'accordo. A domani, allora.

B | Ottima idea! / D'accordo. / Benissimo. | Dove c'incontriamo?

A | In piazza / Davanti al bar / A casa mia | verso le / alle | 2.00. / 6.00. / 20.30 precise.

B | D'accordo. / Va bene. | A stasera! / A domani!

Tocca a voi uno

La domenica di Marco

Although Marco follows a strict routine during the week, his Sundays are a little different. See if you can find ten differences.

You look only on this page, your partner looks only on pages 74 and 75.

To find the differences, you'll have to keep asking each other questions like the following:

A che ora si alza?
Quando si veste?
Va al mercato?

Take it in turn to begin the conversation.
Record your answers, then check them on page 160.

Che cosa fai di bello?

Interview a classmate to find out what their favourite leisure activities are. Ask them whether they do the following activities **sempre** ('always'), **spesso** ('often'), **ogni tanto** ('sometimes'), **raramente** ('rarely') or **mai** ('never').

Collate the answers of the entire class, then use the point totals to determine the most popular activities.

TEMPO LIBERO	sempre 10 punti	spesso 7 punti	ogni tanto 5 punti	raramente 3 punti	mai 0 punti	Totale
				✓		
giocare a tennis						
fare una passeggiata						
guardare la televisione						
leggere un libro						
andare alla partita di football	✓					
leggere il giornale		✓				
andare al ristorante						
andare al bar						
giocare a golf						
fare una gita				✓		
altre attività: *andare al cinema*						

Quando rispondete a queste domande, dite la verità!

SEI UN VERDE?

TEST

1 **Quando hai un po' di tempo libero, che cosa preferisci fare?**

   a. Andare al cinema.

   b. Fare una passeggiata.

   c. Guardare la televisione.

2 **Dove ti piace andare per le vacanze?**

   a. A visitare una bella città.

   b. In campagna.

   c. Al mare.

3 **Vedi una lattina sulla strada. Che cosa fai?**

   a. La metti in un contenitore lì vicino.

   b. La ignori.

   c. La metti nel contenitore per il riciclaggio.

4 **Quale di questi sport preferisci?**

   a. Tennis.

   b. Formula Uno.

   c. Golf.

5 **Vuoi comprare del pane, ma piove. Il generi alimentari è vicino. Che cosa fai?**

   a. Lo compri domani.

   b. Prendi la macchina.

   c. Prendi l'ombrello.

6 **Quando piove, che cosa pensi?**

   a. Che brutta giornata!

   b. Peccato. Bisogna stare a casa.

   c. Fa bene alla campagna.

7 **Durante una gita in campagna, vedi un bel panorama. Che cosa fai?**

   a. Ti fermi e lo ammiri.

   b. Fai una fotografia.

   c. Continui a camminare.

8 **Quando fai la spesa al supermercato, dove metti quello che compri?**

   a. In buste di plastica nuove.

   b. In buste di plastica riciclate.

   c. In scatole di cartone.

TABELLA DEI PUNTI

30-40 punti: Sei un super verde! Ami la natura e ti piace stare all'aria aperta. Per te è importante proteggere l'ambiente.

1 a=3, b=5, c=1
2 a=1, b=5, c=3
3 a=3, b=1, c=5

18-29 punti: Sei un amico della natura, ma non sempre. Vuoi proteggere l'ambiente, ma solo se non è troppo difficile.

4 a=5, b=1, c=3
5 a=3, b=1, c=5
6 a=1, b=3, c=5

8-17 punti: Vergogna! L'ambiente ha bisogno di te, ma tu sei troppo egoista. Perché non ti svegli?

7 a=5, b=3, c=1
8 a=1, b=3, c=5

L'ecologia

1 Di solito io non sono una persona troppo seria, ma quando parlo dell'ambiente non mi piace scherzare. Secondo me, quello dell'ambiente è uno dei problemi più gravi nell'Italia di oggi e molti italiani sono d'accordo con me. Qui ad Urbania siamo fortunati perché non c'è molto inquinamento. Questa è una piccola città, non c'è molto traffico, c'è tanto verde e l'aria è abbastanza pulita. Mi piace molto la natura. Faccio spesso delle passeggiate in campagna, anche da solo.

natura

TRAFFICO

AUTORIMESSA COMUNALE
VENEZIA

In caso di fermata
spegnere il motore.

2 Purtroppo le città grandi non sono così fortunate. I problemi dello smog e del rumore creati dal traffico sono molto gravi, non solo per le persone, ma anche per i monumenti. Bisogna fare qualcosa! Troppe persone girano ancora in città in macchina e non usano i molti mezzi di trasporto pubblici come i tram, gli autobus, la metropolitana o i taxi. Quando l'inquinamento dell'aria, specialmente d'inverno, raggiunge dei livelli troppo pericolosi, si chiude al traffico il centro della città. Ma in questi casi succede che lo stesso smog si 'sposta', con il traffico nelle zone non centrali della città e sono altre persone a soffrire.

INIZIATIVE

3 Le metropolitane come quelle di Roma, Milano e Napoli aiutano a ridurre il traffico. Altre iniziative come la creazione di corsie preferenziali per autobus e taxi, la chiusura del centro storico al traffico automobilistico e la creazione di isole pedonali servono ad alleviare il problema dell'inquinamento urbano, ma bisogna fare di più!

4 Con tante persone e tanto traffico, è importante avere anche tanti alberi per garantire la buona qualità dell'aria che si respira. Secondo me, c'è poco verde nelle grandi città. Sapete che a Milano il quarantasette percento del verde è nei cimiteri? È assurdo, vero? I morti respirano meglio dei vivi!

Fortunatamente ci sono varie iniziative per rinverdire le città italiane come a Torino dove gli studenti e gli insegnanti di alcune scuole vogliono trasformare i loro cortili in spazi verdi. È un'ottima idea, no?

5 Il riciclaggio è un'altra iniziativa importante. Adesso in tutta Italia ci sono contenitori per il riciclaggio del vetro, della carta e della plastica. Anche i contenitori danno un messaggio ecologico.

SE AMATE LA NATURA..

non danneggiate
i fiori e gli alberi

non accendete
fuochi nei boschi

non inquinate
le acque

non lasciate
rifiuti nei prati

la difesa dell'ambiente naturale
è affidata anche a voi!

REGIONE MARCHE

GIUNTA REGIONALE

Lungo le spiagge marine, dei la
ghi, gli arenili, le rive dei fiumi e de
gli altri corsi d'acqua, nei pressi di
sorgenti, sui prati, sui pascoli, nei
boschi e nelle foreste, lungo i trat
ti fiancheggianti le strade pubbliche
o di uso pubblico e comunale sui
suoli pubblici è vietato abbandonare
rifiuti di qualsiasi natura.
L.R. n.52/74 - Art.3

Nei prati, nei pascoli, nelle aree
boschive e in genere negli ambienti ri
tutati di proprietà pubblica, uso pub
blico o aperti al pubblico e consen
tita la circolazione di autoveicoli, ma
tovacoli e altri mezzi meccanici per
esigenze produttive o di pubblica utij
lità.
L.R. n.52/74 - Art.5

LE TRASGRESSIONI SONO PUNITE A NORMA DI LEGGE

L'AMBIENTE VIVE CON TE

RISPETTALO

6 Il movimento ecologico italiano non è limitato solo alle città, ma si interessa anche dei mari e delle campagne.
Adesso in Italia ci sono diciotto Parchi Nazionali e più di cinquecento zone protette dove vivono tranquilli animali e piante.

L'ECOLOGIA

l'**alluminio**	aluminium
l'**ambiente**	environment
il **contenitore**	container, bin
l'**inquinamento**	pollution
il **panorama**	panorama
il **riciclaggio**	recycling
il **rumore**	noise
lo **smog**	smog
il **verde**	greenery
il **vetro**	glass
l'**aria**	air
la **carta**	paper
la **natura**	nature
la **plastica**	plastic
la **vista**	view
ecologico	ecological
puro	pure

Agriturismo
CHE PASSIONE!!

L'agriturismo è una delle più recenti passioni degli italiani. A praticarlo sono coppie fra i trenta e i cinquant'anni che hanno un buon lavoro e, di solito, una casa in città.

Queste persone vivono per tutta la settimana in un ambiente dominato dallo stress, dal rumore e dall'inquinamento. Per questo motivo a volte decidono di comprare una piccola casa in campagna o in collina, con un po' di terra.

Il motivo è evidente: avere un posto lontano dalle fonti dirette di inquinamento come il traffico e le fabbriche, dove trascorrere in pace ed in armonia con la natura i weekend e le vacanze. Un posto dove abbandonare la macchina e tornare a vivere in bicicletta.

Le occasioni non mancano visto che molti contadini abbandonano la terra per trasferirsi in città e le proprietà che lasciano si comprano a buon mercato.

L'agriturismo è un hobby molto positivo perché unisce l'utilità alla passione: l'utilità di curare la terra alla passione per la salute e l'ambiente non contaminato.

In queste mini-fattorie tutto cresce senza l'uso di pesticidi o fertilizzanti chimici. La gente apprezza sempre di più insalata, frutta e verdure genuine, che non contengono veleni di alcun genere.

Per questo gli appassionati di agriturismo hanno anche cominciato a vendere una parte di quello che producono perché di questi prodotti c'è un sacco di richiesta.

Il sogno più difficile da realizzare per un agriturista? Probabilmente quello di coprire il tetto della casa con pannelli solari per produrre energia elettrica 'pulita' ed essere così dipendente solo dalla natura. Il suo grande amore.

L'accento giusto

 r, rr

The **r** in Italian is rolled. It is produced by making your tongue vibrate just behind your upper front teeth. The **rr** sound is slightly longer and more emphatic. Practise these sentences.

Perché non prendiamo il treno per Ferrara?
Certo. Il treno per Ferrara parte alle tredici
  e quarantatrè.

Vorrei parlare con il professor Carrera per favore.
Purtroppo il professore è partito ieri per Porto Cervo.
Per andare al Foro Romano bisogna prendere
  la terza strada a destra.
Grazie, signora. Arrivederci.

Scioglilingua

Trentatré tigri
contro
trentatré tigri.

Tre preti pigri
pregano
con tre pigri preti.

Ho capito

Dove sono?
Che tempo fa?
Qual è la temperatura?

Parole nuove

ESPRESSIONI UTILI

alla leggera	lightly
avanti!	come on!
beh...	well...
bisogna...	it is necessary...
calma!	calm down!
ci divertiamo un mondo!	we'll have a great time!
da solo	by itself, by oneself
godetevi!	enjoy!
in ritardo	late
mamma mia!	good grief!
né...né...	neither...nor...
non ce la faccio più!	I can't go on any more!
non lo so	I don't know
una volta	once

VERBI

amare	to love
ammirare	to admire
aspettare	to wait (for)
camminare	to walk
cominciare	to begin
continuare	to continue
dire	to say, to tell
godere	to enjoy
organizzare	to organise
ridere	to laugh
rispettare	to respect
salire	to climb
sopportare	to tolerate, to endure
volere	to want (to)

ESPRESSIONI CON *AVERE* O *FARE*

avere fame	to be hungry
avere sete	to be thirsty
avere bisogno di...	to need
fare una passeggiata	to go for a walk

AGGETTIVI

aperto	open
calmo	calm
delicato	delicate
esigente	demanding
pieno	full
preciso	precise
splendido	splendid
stanco	tired
vegetariano	vegetarian

NOMI

l'apriscatole (*m.*)	can opener
il gioco	game (easy)
il lavoro	work, job
il minuto	minute
il pesce	fish
il quarto	quarter
lo spazio	space
lo stomaco	stomach
il tipo	type
il tiranno	tyrant
il tonno	tuna
l'ufficio	office
lo zaino	rucksack
la bottiglia	bottle
la carne	meat
la cima	top
la collina	hill
la fame	hunger
la gita	trip, excursion
l'ora	hour
la roccia	rock
la scatoletta	can, tin

ALTRE PAROLE

addio	goodbye
facilmente	easily
meglio	better
ne	of it, of them
più	more
quello	that
spesso	often

1 Reflexive verbs

A reflexive verb is a verb whose action is passed back to the subject,
e.g. I wash <u>myself</u>, <u>we</u> enjoy <u>ourselves</u>.

These verbs are formed by following the patterns of regular **-are**, **-ere** and **-ire** verbs and adding the reflexive pronouns **mi**, **ti**, **si**, **ci**, **vi** or **si**, as shown in the tables below.

alz**arsi**   to get up
mi alz**o**
ti alz**i**
si alz**a**
ci alz**iamo**
vi alz**ate**
si <u>a</u>lz**ano**

p<u>e</u>rd**ersi**   to become lost
mi perd**o**
ti perd**i**
si perd**e**
ci perd**iamo**
vi perd**ete**
si p<u>e</u>rd**ono**

divert**irsi**   to enjoy oneself
mi divert**o**
ti divert**i**
si divert**e**
ci divert**iamo**
vi divert**ite**
si div<u>e</u>rt**ono**

There are many verbs which are reflexive in Italian but not in English, e.g. **arrabbiarsi** – 'to get angry', **preoccuparsi** – 'to worry', and **stancarsi** – 'to become tired'.

Some verbs can become reflexive. In this case the meaning changes slightly, e.g. with **lavare** and **lavarsi**.

*Marco **lava** la macchina.*   Marco washes the car.
*Marco **si lava**.*   Marco washes himself.

2 Irregular verbs

dire   to say, to tell
dico
dici
dice
diciamo
dite
d<u>i</u>cono

volere   to want (to)
voglio
vuoi
vuole
vogliamo
volete
v<u>o</u>gliono

3 The articulated prepositions

Like **a** and **da**, the prepositions **in**, **di** and **su** also combine with the definite article to form one word as in the table below.

	singular				plural		
	il	lo	la	l'	i	gli	le
a	al	allo	alla	all'	ai	agli	alle
da	dal	dallo	dalla	dall'	dai	dagli	dalle
in	nel	nello	nella	nell'	nei	negli	nelle
di	del	dello	della	dell'	dei	degli	delle
su	sul	sullo	sulla	sull'	sui	sugli	sulle

Roberto Ferri lavora nell'ufficio della scuola...ma non sempre.

4 The partitive – 'some'

One of the ways of saying 'some' in Italian is to combine **di** and the definite article to form one word.

*Vorrei **dell**'acqua.*
*Roberto porta **degli** studenti a vedere le colline.*

5 Bello e quello

When preceding a noun, **bello** and **quello** work in the same way as the definite article, i.e. they change according to the noun they precede. Study the table below.

bello	quello	
bel	quel	ragazzo
bello	quello	studente
bella	quella	ragazza
bell'	quell'	amico/a
bei	quei	ragazzi
begli	quegli	studenti
belle	quelle	ragazze

*Dove sono **quei** ragazzi?*
*Che **bel** tempo!*

However, these forms are <u>not</u> used if **bello** or **quello** come after the noun.

Quella barca è bella.

6 Lo, la, li, le – direct object pronouns

The direct object is the person or thing that directly receives the action of the verb.

The direct object pronouns **lo**, **la**, **li** and **le** can replace the direct object, and usually precede the verb.

	singular	plural
masculine	**lo**	**li**
feminine	**la**	**le**

*Tim, mangi **il tonno**? – Sì, **lo** mangio spesso.*
*Roberto organizza **la gita ecologica**.*
***La** organizza una volta al mese.*

7 Eccolo, -la, -li, -le

Lo, **la**, **li** and **le** are also used in conjunction with **ecco**, as in the table below.

eccolo	here he/it is, there he/it is
eccola	here she/it is, there she/it is
eccoli	here/there they are (*m.*)
eccole	here/there they are (*f.*)

*Dov'è Roberto? – **Eccolo** che aspetta.*
*Dov'è l'acqua? – **Eccola**. È nello zaino.*

8 24-hour clock

In Italy, the 24-hour clock is frequently used. It can be used for official times, such as appointments and timetables, or simply when you want to be precise. When using the 24-hour clock, you often say the exact number of minutes past the hour.

*C'incontriamo alle **quattordici e trenta**.*
*Sono le **diciassette e quarantanove**.*

9 Ed, ad

Ed (meaning 'and') and **ad** ('to', 'at') are often used instead of **e** and **a** when the word that follows begins with a vowel.

*Roberto è un tipo preciso **ed** esigente.*
*Benvenuti **ad** Urbania.*

Capitolo sei

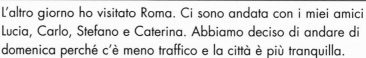

L'altro giorno ho visitato Roma. Ci sono andata con i miei amici Lucia, Carlo, Stefano e Caterina. Abbiamo deciso di andare di domenica perché c'è meno traffico e la città è più tranquilla.

2

Siamo partiti in treno alle cinque di mattina e siamo arrivati a Roma verso le nove.

Io non sono mai stata a Roma prima.

E tu, Carlo, sei stato già a Roma, vero? La conosci bene?

Vuoi sapere se conosco bene Roma? Ma non sai che mio padre è romano. Io ho Roma nel sangue!

3

Guardate! Abbiamo la stessa faccia. Osservate il naso.

E le gambe. Che belle gambe avete!

No, dico sul serio. Forse questo è un mio zio. Sì, è lo zio Giulio.

4

Così, con il nipote di Giulio Cesare, siamo andati al Colosseo, il monumento più famoso di Roma.

5

Non c'è niente nell'arena.

Ma devi usare l'immaginazione… È l'anno novanta Dopo Cristo… ci sono più di cinquantamila spettatori a vedere il loro sport preferito…tutti cominciano a gridare insieme…

Bravo, Spartaco! Sei un gladiatore eccezionale. Non c'è nessuno più forte di te.

6

Vicino al Colosseo abbiamo visto una bancarella con dei souvenir di Roma.

Che bei cucchiaini, e che bell'anello. Quanto costa?

Per Lei, signorina…

7

Tutto ad un tratto, Carlo ha preso i soldi dalle mani di Lucia.

Carlo, che cosa fai con i miei soldi?

Lascia fare a me! Ecco cinquantamila lire…ma vogliamo anche questa guida di Roma, va bene?

Certo, signore. Ma Lei non è un turista, vero?

No. I miei amici sono turisti. Io sono romano!

Sì, e io sono il Papa!

8

Hai pagato cinquantamila lire per quell'anello… con i soldi di Lucia! Ma sei scemo. Sai che Lucia adesso è arrabbiata con te.

Ma ho pagato poco per l'anello. Ne ho visto uno così molto più caro in un negozio.

9

Dopo il Colosseo abbiamo preso l'autobus e siamo andati alla Fontana di Trevi. Tutti abbiamo gettato cinquanta lire nella fontana perché si dice che chi getta una moneta nella Fontana di Trevi sicuramente ritorna a Roma.

Abbiamo deciso di prendere qualcosa da mangiare. Lucia ha comprato una focaccia al bar, Caterina e Stefano hanno preso un panino mentre io ho mangiato una mela.

Carlo ha insistito per andare a piedi. Ha detto che dalla Fontana di Trevi a Piazza San Pietro ci vogliono solo cinque minuti. Lui sa queste cose perché è romano!

Carlo, quanto hai gettato nella fontana, cinquanta lire o cinquantamila lire?

Senti, Lucia, mi dispiace ma cinquantamila lire per quell'anello sono poche. È molto bello, sai.

Uffa. Smettetela.

Presto, ragazzi. Dobbiamo essere in Piazza San Pietro fra dieci minuti se vogliamo vedere il Papa.

E così ci siamo andati a piedi. Abbiamo camminato lungo il Tevere, abbiamo attraversato Ponte Umberto, abbiamo passato Castel Sant'Angelo e dopo mezz'ora siamo arrivati a San Pietro. Meno male che Carlo conosce Roma così bene!

13

...e in conclusione: bisogna amare il prossimo. Pace fratelli e sorelle.

Bravo, Carlo. Siamo arrivati in ritardo.

Ma io ho detto di girare a destra dopo Piazza Navona.

14

Ehi, voi due. Non avete sentito il Papa? Pace.

Da Piazza San Pietro a Villa Borghese ci sono più di due chilometri. Questa volta abbiamo insistito per prendere l'autobus. Carlo non ha detto niente.

Villa Borghese è la villa più famosa di Roma.

È così grande, non possiamo vedere tutto.

Guardate! C'è un laghetto...si può fare una gita in barca. Ci andiamo?

Ente Provinciale Turismo - Roma
VILLA BORGHESE

15

Ottima idea. Perché no?

Al laghetto, Carlo, Lucia e Caterina sono andati in barca. Carlo ha chiesto uno sconto e lo ha avuto.

Sì, Roma è bellissima. Ed è vero che è più tranquilla di domenica. Ma non se ci vai con Carlo e Lucia.

DOMANDE

1. Perché i ragazzi sono andati a Roma di domenica?
2. Come ci sono andati?
3. Qual è il monumento più famoso di Roma?
4. Che cosa vuole comprare Lucia?
5. Carlo è veramente romano?
6. Perché Lucia è arrabbiata con Carlo?
7. Perché i ragazzi hanno gettato delle monete nella Fontana di Trevi?
8. Che cosa hanno mangiato i ragazzi?
9. Quanto ci vuole dalla Fontana di Trevi a Piazza San Pietro?
10. Dove sono andati dopo Piazza San Pietro?
11. Chi ha fatto una gita in barca?
12. Quanto hanno pagato?
13. Secondo Annamaria, Roma è sempre più tranquilla di domenica?

Botta e risposta uno

Che cosa si vende qui?

g e l a t e r i a

cartoleria

pizzeria

libreria

paninoteca

pasticceria

macelleria

A Scusi, si vend**ono panini** qui?

Ma certo! È una **paninoteca**, no?

B Dove si **può** comprare **della carta**?

Vuole comprare **della carta**?
Deve andare in **cartoleria**, allora.

I NEGOZI	
la **cartoleria**	stationery shop
la **gelateria**	ice-cream shop
la **libreria**	bookshop
la **macelleria**	butcher's shop
la **paninoteca**	snack bar, sandwich shop
la **pasticceria**	cake shop
la **pizzeria**	pizza shop

Botta e risposta due

Che cosa c'è da vedere a Roma?

Via dei Fori Imperiali

▲ il signor Reginato

Piazza Navona

L'Arco di Costantino

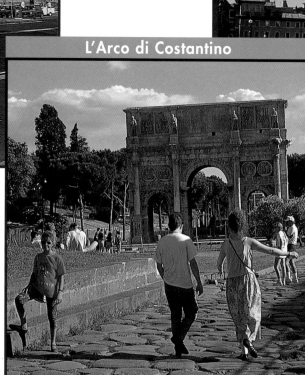

▶ Nuccia

A Che cosa **ha** visto **Nuccia**?

  Ha visto l'Arco di Costantino.

B **Cecilia e Lucia**, che cosa **avete** fatto domenica scorsa?

  Abbiamo visitato **Piazza di Spagna**.

C **Signor Reginato**, sa dov'è **Via dei Fori Imperiali**?

  Ecco**la**. Questa è **Via dei Fori Imperiali**.

D **Fausto**, **vuoi** andare a casa adesso?

  No, non **posso**. **Devo** andare **al Pantheon**.

▲ Valentina e Piero

il Pantheon

▲ Fausto

Piazza di Spagna

▲ Cecilia e Lucia

Monumento a Vittorio Emanuele

◀ il signor Brambilla

Dove sono andati i ragazzi per il weekend?

A Dov'è andata **Gianna** per il weekend?

È andat**a** a **Perugia**.

B **Stefano** è andat**o** a **Catanzaro**, vero?

Sì, è partit**o** in **treno** alle sette di mattina.

C **Caterina**, sei stat**a** a **Napoli**?

Sì, ci sono andat**a** in **macchina** sabato scorso.

D Dove sono andat**i** **Tim** e **Cecilia**?

Tim è andat**o** a **Venezia**, mentre **Cecilia** è andat**a** a **Bari**.

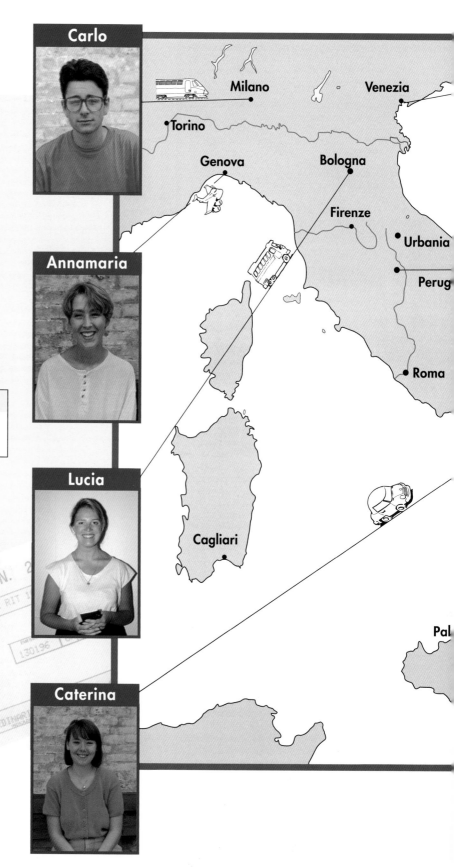

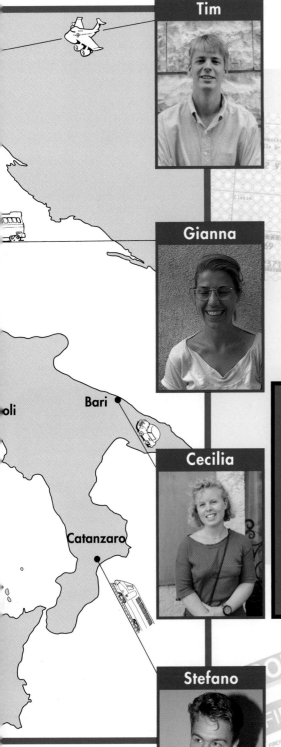

VIAGGIARE

l'**aereo**	plane
l'**autobus** (*m.*)	bus
la **barca**	boat
la **bicicletta**	bicycle
il **pullman**	coach, bus
il **treno**	train
a piedi	on foot
quanti chilometri ci sono..?	how many kilometres are there...?
ci sono... chilometri	there are... kilometres
quanto ci vuole...?	how long does it take...?
ci vuole/ ci vogliono...	it takes...

BARI

673	**BOLOGNA**									
362	984	**CATANZARO**								
720	106	879	**FIRENZE**							
747	291	1111	225	**GENOVA**						
880	210	1176	299	145	**MILANO**					
261	594	406	489	714	786	**NAPOLI**				
634	262	793	153	381	455	403	**PERUGIA**			
450	383	609	278	510	575	219	192	**ROMA**		
1001	332	1274	395	170	138	884	551	673	**TORINO**	
549	198	872	175	444	398	442	95	301	491	**URBANIA**
818	154	1131	255	397	273	741	411	530	402	288 **VENEZIA**

E Quanti chilometri ci sono da **Roma** a **Torino**?

Da **Roma** a **Torino** ci sono **673** chilometri.

F Da **Urbania**, è più vicina **Perugia** o **Napoli**?

È più vicina **Perugia**.

destinazione	ind. suss.	cat.	ore	bin.		destinazione	ind. suss.	cat.	ore	bin.
NETTUNO		LOC	14.45	11		PESCARA		IC	16.20	9
						NAPOLI C.		ESP	16.20	16
ALESSANDRIA		ESP	15.10	21		CASSINO		DIR	16.25	18
MILANO .G.		IC	15.15	2		FIRENZE		ESP	16.30	7
SALERNO		IC	15.30	17		TORINO P.N.		IC	16.35	17
REGGIO C.		IC	15.55	13		NETTUNO		LOC	16.55	11
MILANO C.		IC	16.10	5		MILANO C.		IC	17.00	1
BENEVENTO		IC	16.20	15						

LOC = locale	local train, stops at all stations
DIR = diretto	stops at all stations except the very small ones
ESP = espresso	stops only at the major stations
IC = **intercity**	fast, intercity train, often only first class

Cliente: Scusi, vorrei un'informazione, per favore.

Impiegato: Sì, prego.

Cliente: A che ora parte il prossimo treno per **Firenze**?

Impiegato: Parte **alle 16.30**.

Cliente: Che tipo di treno è?

Impiegato: È un **espresso**.

Cliente: Bene. Mi dia un biglietto di **seconda** classe per **Firenze** allora.

Impiegato: Solo andata, o andata e ritorno?

Cliente: **Andata e ritorno**, grazie. Da che binario parte?

Impiegato: Parte dal binario **7**.

Cliente: Grazie.

Impiegato: Prego.

A che ora parte il treno?

Un biglietto per Salerno, andata e ritorno.

I TRENI	
il **biglietto**	ticket
solo andata	one-way
andata e ritorno	return
il **binario**	platform
in orario	on time
prossimo	next
prima classe	first class
seconda classe	second class

A tu per tu due

Che cosa facciamo adesso?

A Allora, | dove andiamo / che cosa facciamo | adesso?

B Perché non andiamo | a / al / alla | Colosseo? / Fontana di Trevi? / Villa Borghese? / Piazza di Spagna?

A Ottima idea! / Ma no. | È troppo lontano/a. / Sono stanco/a morto/a. / È qui vicino/a.

B Quanto ci vuole da qui | a / al / alla | Colosseo? / Fontana di Trevi? / Villa Borghese? / Piazza di Spagna?

A Se andiamo / Se prendiamo | a piedi / l'autobus / in macchina / in bicicletta | ci vuole / ci vogliono | mezz'ora. / venti minuti. / cinque minuti

B Abbiamo tempo per | prendere / bere / mangiare | un panino? / una focaccia? / una birra? / una Coca? | Ho fame. / Ho sete.

A Sì, certo. Andiamo.

Dove andiamo adesso?

You and your partner are going to Italy for a week and are planning to visit at least four of the cities on the map below. You don't have much time, so you'll need to organise a fairly detailed itinerary. Your plane arrives in Rome on Monday morning and leaves on Sunday evening.

Look at the map and the train timetables below. Together you will need to decide which places to visit and exactly when you will be leaving and arriving.

Record your itinerary.

You could also discuss how long to stay in each place, what to do there and anything else you think may be important.

To plan your trip you will need to ask each other questions like the following:

Andiamo a Verona?
A che ora parte il treno per Bologna?
Vuoi partire di mattina o di sera?
Quando arriviamo a Venezia?

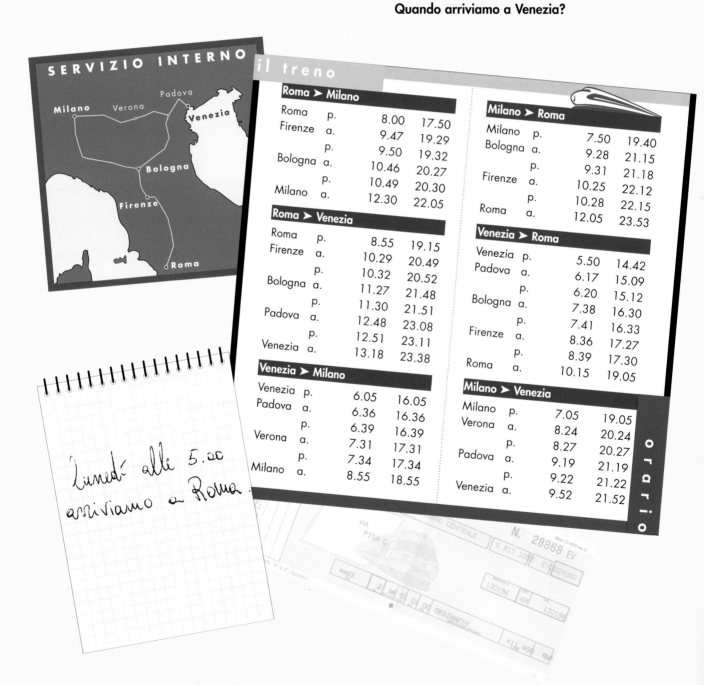

SERVIZIO INTERNO

il treno

Roma ➤ Milano			
Roma	p.	8.00	17.50
Firenze	a.	9.47	19.29
	p.	9.50	19.32
Bologna	a.	10.46	20.27
	p.	10.49	20.30
Milano	a.	12.30	22.05

Roma ➤ Venezia			
Roma	p.	8.55	19.15
Firenze	a.	10.29	20.49
	p.	10.32	20.52
Bologna	a.	11.27	21.48
	p.	11.30	21.51
Padova	a.	12.48	23.08
	p.	12.51	23.11
Venezia	a.	13.18	23.38

Venezia ➤ Milano			
Venezia	p.	6.05	16.05
Padova	a.	6.36	16.36
	p.	6.39	16.39
Verona	a.	7.31	17.31
	p.	7.34	17.34
Milano	a.	8.55	18.55

Milano ➤ Roma			
Milano	p.	7.50	19.40
Bologna	a.	9.28	21.15
	p.	9.31	21.18
Firenze	a.	10.25	22.12
	p.	10.28	22.15
Roma	a.	12.05	23.53

Venezia ➤ Roma			
Venezia	p.	5.50	14.42
Padova	a.	6.17	15.09
	p.	6.20	15.12
Bologna	a.	7.38	16.30
	p.	7.41	16.33
Firenze	a.	8.36	17.27
	p.	8.39	17.30
Roma	a.	10.15	19.05

Milano ➤ Venezia			
Milano	p.	7.05	19.05
Verona	a.	8.24	20.24
	p.	8.27	20.27
Padova	a.	9.19	21.19
	p.	9.22	21.22
Venezia	a.	9.52	21.52

orario

Lunedì alle 5.00 arriviamo a Roma.

Tocca a voi due

Intervista

Interview a classmate and find out how they spent last weekend. Record their answers under the headings **lavoro** ('work'), **riposo** ('rest') and **divertimento** ('enjoyment'). Collate the answers of the entire class to find out what the most popular activities were.

You'll need to ask each other questions like:
> **Che cosa hai fatto sabato scorso?**
> **Dove sei andato/a domenica sera?**
> **Hai studiato l'italiano, vero?**
> **Dopo che hai finito i compiti, che cosa hai fatto?**

	lavoro	riposo	divertimento
sabato	è andato/a al lavoro. / ha lavato la macchina.	ha guardato la TV. ///	è andato/a al cinema. //
domenica	ha cucinato. ### //	ha dormito fino a tardi. ### / ha letto il giornale.	è andato/a alla partita di football. / ha giocato a golf. / ha studiato l'italiano!? ###

Tocca a voi tre

It's Friday afternoon and you'd like to make plans to do something with your friend on the weekend. However, you can't seem to agree on anything!

The two of you should alternate between making a suggestion and giving an excuse. You're not allowed to repeat any question or statement, or to contradict yourself. The last person to make a valid suggestion or excuse wins.

Vuoi andare in campagna questo weekend?

Mi dispiace, ma domani mattina devo lavorare.

Va bene. Perché non andiamo al cinema domani sera?

No, non voglio. Ci sono andata ieri sera.

Vuoi giocare a tennis?

Quando? Domani pomeriggio? No, domani piove.

Allora, mangiamo una pizza insieme?

Non posso. Sono a dieta.

Italia Viaggi

L'Italia delle vacanze conquista un nuovo record

Liguria – San Fruttuoso: turisti sulla spiaggia.

Ogni anno l'Italia diventa teatro di una pacifica invasione. Milioni di turisti stranieri provenienti da tutte le parti del mondo arrivano in Italia per un periodo di vacanze.

In genere sono soprattutto europei, ma non manca un grosso contingente di americani e di giapponesi. Da alcuni anni i turisti asiatici sono in aumento.

Da giugno a settembre questa coloratissima massa di persone riempie di vita le strade delle nostre città, le nostre spiagge, le nostre montagne.

Quest'anno, grazie anche al cambio particolarmente favorevole, si è raggiunta la cifra record di venticinque milioni di presenze straniere. A questi turisti dobbiamo aggiungere decine di milioni di italiani, circa l'85%, che decidono di trascorrere le loro vacanze in Italia.

Per gli italiani il periodo tradizionale delle vacanze ha come centro i mesi di luglio e agosto: i mesi, cioè, solitamente più caldi dell'anno.

Particolarmente conosciute sono le settimane attorno al 15 agosto (giorno di 'ferragosto') in cui l'Italia industriale e del business si ferma. Tutto chiude, la gente abbandona il caldo della città e va in vacanza (il famoso 'esodo di ferragosto').

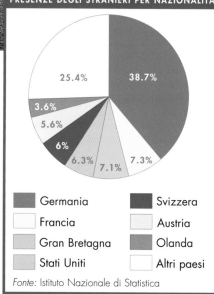

PRESENZE DEGLI STRANIERI PER NAZIONALITÀ

25.4%
38.7%
3.6%
5.6%
6%
6.3%
7.1%
7.3%

Germania	Svizzera
Francia	Austria
Gran Bretagna	Olanda
Stati Uniti	Altri paesi

Fonte: Istituto Nazionale di Statistica

Le città diventano posti disabitati, da fantascienza, dove non incontri nessuno salvo nel centro storico dove ai normali abitanti si sostituiscono i turisti che si affollano attorno alle opere d'arte ed ai negozi aperti apposta per loro.

Naturalmente la situazione cambia nelle grandi città italiane, famose per i loro tesori artistici, come Venezia o Firenze in cui il turista è presente tutto l'anno.

Con milioni di turisti stranieri e milioni di italiani in vacanza, l'estate italiana è un continuo movimento: un business di migliaia di miliardi.

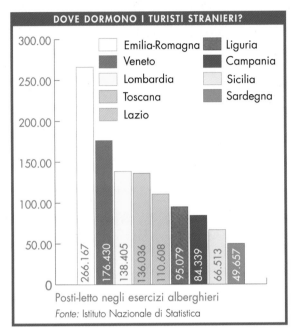

DOVE DORMONO I TURISTI STRANIERI?

Emilia-Romagna — Liguria
Veneto — Campania
Lombardia — Sicilia
Toscana — Sardegna
Lazio

266.167 176.430 138.405 136.036 110.608 95.079 84.339 66.513 49.657

Posti-letto negli esercizi alberghieri
Fonte: Istituto Nazionale di Statistica

In fatto di ospitalità, la regione leader è l'Emilia-Romagna, con le strutture turistiche della costa adriatica (ricordate Rimini, la capitale del disco-night?!) seguita nell'ordine dal Veneto, dalla Lombardia, dalla Toscana e dal Lazio.

Decisamente in continuo aumento sono anche i turisti che vanno verso le regioni del Sud dell'Italia e verso le Isole.

A motivare questo turismo è la ricerca di posti lontani dalle fonti di inquinamento, di mari puliti, di spiagge non ancora super-affollate come quelle tradizionali. In campo culturale, è la riscoperta dell'antico fascino delle civiltà mediterranee.

Dalla Sardegna dei nuraghi alla Sicilia dei grandi templi greci, l'Italia rinnova ad ogni passo il suo grande fascino.

Il Sud e le Isole rappresentano oggi un irresistibile centro di attrazione per un nuovo turismo.

Cosa vediamo dunque nel futuro dell'industria turistica italiana? Sicuramente cieli sereni e…nuovi record.

Per alloggiare tanta gente, l'Italia ha oggi a disposizione più di un milione di camere d'albergo. Se contiamo anche i campeggi e le camere affittate in case private, l'Italia delle vacanze ha più di tre milioni e mezzo di posti-letto.

Patate Primo Amore!!
(due eroi dell'agriturismo)

Giulio e Luciana, operatore di computer lui, grafica lei, sei anni fa hanno realizzato il loro sogno e hanno comprato una fattoria a pochi chilometri da Perugia.

'I primi due anni sono stati veramente difficili,' dice Luciana. 'Abbiamo fatto quasi tutta la costruzione noi: porte, finestre, pavimenti…Quanto lavoro! Quanti sacrifici!'

Giulio e Luciana hanno poi preparato la terra per produrre quelle 'specialità' che sono al centro dell'hobby dell'agriturismo. Con un piccolo trattore hanno creato tre bellissimi orti e lì coltivavano insalate, verdure ed erbe aromatiche.

'Abbiamo avuto i nostri insuccessi,' dice Giulio. 'Il più mostruoso è stato quello delle patate. Io ho sempre amato le patate. Fin da piccolo. Le ho sempre comprate al mercato ma un giorno ho deciso di coltivarle io. Ho preparato la terra ed ho seminato le mie patate preferite. Aspetto, aspetto, aspetto e non viene su niente. Alla fine,

invece di patate grosse e saporite sono cresciute patate piccole piccole. Una rabbia!!

'Poi, una sorpresa! Fra milioni di patatine ecco che, all'improvviso, ho trovato…incredibile!!…Una patata gigantesca. Cinque chili! Una patata di cinque chili!

'Quando ho visto quella patata ho gridato così forte che mi hanno sentito fino a Venezia. Tutto contento, ho cucinato la mia patata per cena per un gruppo di amici…Faceva schifo!'

Buona domenica

Cantante: Antonello Venditti

Buona domenica
passata a casa ad aspettare
tanto il telefono non squilla più
il tuo ragazzo ha preso il volo

Buona domenica
tanto tua madre lo capisce
continua a dirti 'ma non esci mai?
perché non provi a divertirti?'

Buona domenica
quando misuri la tua stanza
finestra, letto e la tua radio che
continua a dirti che è domenica

Ciao ciao domenica
passata a piangere sui libri
tanto lo sai che non ti interroga
e poi è domani che ti frega?

Ciao ciao buona domenica
davanti alla televisione
con quegli idioti che ti guardano
e che continuano a giocare

Ciao ciao domenica
e tua sorella parla parla
con quello sguardo da imbecille poi
apre la porta alla domenica

Ciao ciao domenica
passata a scrivere da sola
venti minuti su una pagina
e proprio non ti puoi soffrire

Ciao ciao domenica
passata ad ascoltare dischi
meno ti cerca e più ci stai a pensare
e questo tu lo chiami amore

Ciao ciao domenica
madonna non finisce mai
sono le sei c'è ancora il sole fuori
nessuno a cui telefonare

Ciao ciao domenica
e il tuo ragazzo non ti chiama
tristezza nera nello stomaco
e in testa voglia di morire

Ma non morire di domenica
in questo giorno da buttare
tutto va bene, guarda, pure il sole
aspetta ancora una domenica

Testo e musica di Antonello Venditti
Edizione musicale: STUKAS – INTERSONG ITALIANA

Parole nuove

ESPRESSIONI UTILI

accidenti!	damn!
amare il prossimo	to love one's neighbour
avere ragione	to be right
dire sul serio	to be serious
Dopo Cristo	A.D., After Christ
lascia fare a me!	leave it to me!
meno male!	it's a good thing!
mezz'ora	half an hour
presto!	quickly! hurry up!
prima di/che...	before...
smettetela!	stop it!
tutto ad un tratto	all of a sudden

VERBI

aiutare	to help
attraversare	to cross
cadere	to fall
cambiare	to change
chiedere	to ask
comprare	to buy
conoscere	to know
decidere	to decide
dovere	to have to
gettare	to throw
gridare	to shout, to scream
insistere	to insist
osservare	to observe
pagare	to pay
passare	to pass
potere	to be able to
sapere	to know
usare	to use
valere	to be worth

NOMI

l'anello	ring
l'anno	year
il laghetto	small lake
il monumento	monument
il naso	nose
il negozio	shop
il Papa	the Pope
il remo	oar
il sangue	blood
lo scemo	idiot
lo sconto	discount
i soldi	money
lo spettatore	spectator
il turista	tourist
l'arena	arena
la bancarella	stall
la conclusione	conclusion
la faccia	face
la fontana	fountain
la gamba	leg
la guida	guide, guidebook
l'immaginazione (f.)	imagination
la moneta	coin
la pace	peace
la villa	park
la volta	time

AGGETTIVI

aggressivo	aggressive
arrabbiato	angry
caro	dear, expensive
eccezionale	exceptional
famoso	famous
forte	strong, great
incorreggibile	incorrigible
morto	dead
romano	Roman
scorso	last
stesso	same
ultimo	final, last

ALTRE PAROLE

ci	there, here
circa	about, approximately
fra	in
lungo	along, long
mai	never
mentre	while
nessuno	no one
niente	nothing
poco	little
prima	before
quanto	how, how much
sicuramente	surely

L'accento giusto

 sc, sch

There are two ways of pronouncing the letters **sc** in Italian.

- When followed by the vowels **e** or **i**, they are pronounced as soft sounds, like the English 'sh' in the word 'she', e.g. **pesce**, **capisci**.
- When followed by the vowels **a**, **o**, or **u**, or by **consonants**, they are pronounced as hard sounds, like the English 'sk' in the word 'sky', e.g. **scatola**, **tedesco**, **scusi**, **scrivo**.

Sch is always pronounced as a hard sound, e.g. **scherzo**, **tedeschi**.

Practise these sentences.

> **Scusi, ma a scuola non si scherza.**
> **Che cosa suggerisci, pesce o pesche?**
> **A scuola studio scienze e tedesco.**
> **Io preferisco pesce ma tu preferisci prosciutto.**
> **Le scatole di biscotti sono sugli scaffali.**
> **Francesco Franceschini scherza con i tedeschi.**

Scioglilingua

Liscia la biscia
striscia e sparisce
nessuna traccia lascia.

Scioglilingua

Riassunto di grammatica

1 Il passato prossimo – perfect tense

The **passato prossimo** is used to express an action in the past. It is formed by adding an auxiliary verb, either **avere** or **essere**, to the past participle.

The past participle of regular verbs is formed by taking away the **-are**, **-ere** or **-ire** from the infinitive, and adding **-ato**, **-uto** or **-ito**.

parlare	➤	**parlato**
vendere	➤	**venduto**
finire	➤	**finito**

Most verbs take the auxiliary **avere**, and follow one of the patterns shown in the table below.

parl**are**	v**e**nd**ere**	fin**ire**
ho parl**ato**	**ho** vend**uto**	**ho** fin**ito**
hai parl**ato**	**hai** vend**uto**	**hai** fin**ito**
ha parl**ato**	**ha** vend**uto**	**ha** fin**ito**
abbiamo parl**ato**	**abbiamo** vend**uto**	**abbiamo** fin**ito**
avete parl**ato**	**avete** vend**uto**	**avete** fin**ito**
hanno parl**ato**	**hanno** vend**uto**	**hanno** fin**ito**

For verbs that take **avere**, the ending of the past participle remains the same.

> *Lucia **ha** comprat**o** una focaccia mentre io **ho** mangiat**o** una mela.*

Verbs that take the auxiliary **essere** follow one of the patterns shown in the table below.

and**are**	cad**ere**	part**ire**
sono and**ato/a**	**sono** cad**uto/a**	**sono** part**ito/a**
sei and**ato/a**	**sei** cad**uto/a**	**sei** part**ito/a**
è and**ato/a**	**è** cad**uto/a**	**è** part**ito/a**
siamo and**ati/e**	**siamo** cad**uti/e**	**siamo** part**iti/e**
siete and**ati/e**	**siete** cad**uti/e**	**siete** part**iti/e**
sono and**ati/e**	**sono** cad**uti/e**	**sono** part**iti/e**

For verbs that take **essere**, the ending of the past participle must agree with the subject.

> ***Carlo** è andat**o** al Colosseo e **Lucia** è andat**a** a Piazza Navona.*

Here is a list of common verbs that take **essere**:

andare	partire
arrivare	salire
cadere	succ_edere
costare	ritornare
entrare	uscire
essere	venire
n_ascere	

Many Italian verbs, particularly those ending in **-ere**, have irregular past participles. Here is a list of some of the more common ones.

aprire	➤	aperto	n_ascere	➤	nato
bere	➤	bevuto	offrire	➤	offerto
chi_edere	➤	chiesto	p_erdere	➤	perso
chi_udere	➤	chiuso	piacere	➤	piaciuto
dec_idere	➤	deciso	pr_endere	➤	preso
dire	➤	detto	prom_ettere	➤	promesso
_essere	➤	stato	r_idere	➤	riso
fare	➤	fatto	rimanere	➤	rimasto
incl_udere	➤	incluso	scr_ivere	➤	scritto
insistere	➤	insistito	succ_edere	➤	successo
l_eggere	➤	letto	vedere	➤	visto
m_ettere	➤	messo	venire	➤	venuto

2 Irregular verbs in the present tense

dovere to have to
devo
devi
deve
dobbiamo
dovete
d_evono

potere to be able to
posso
puoi
può
possiamo
potete
p_ossono

When the *modal* verbs **dovere**, **potere** or **volere** are followed by another verb, the second verb should always be in the infinitive.

Devo andare al Pantheon.
Posso vedere l'anello, Lucia?

3 Impersonal *si*

Si followed by the verb in the third person singular is used to express an action that does not have a specific subject. It corresponds to the English 'one', 'you', 'people', or the passive form.

Si mangia bene in Italia.
One eats well in Italy. (You eat well in Italy.)
Qui si parla italiano.
Italian is spoken here.

When referring to more than one thing, **si** followed by the third person plural of the verb is used.

Qui si vendono libri.
Books are sold here.

Qui non si può andare in motorino.

4 Sapere o conoscere

Sapere and **conoscere** both mean 'to know', but they refer to different types of knowledge.

Conoscere means 'to be acquainted with' or 'familiar with' a person, place or thing.

Meno male che Carlo conosce Roma così bene.
It's a good thing that Carlo knows Rome so well.

Sapere means 'to know' a fact.
Sai che adesso Lucia è arrabbiata con te?
Do you know that Lucia is angry with you now?

Sapere also means 'to know how to' do something. In this case, it is followed by the infinitive of the verb.

Carlo sa cucinare.
Carlo knows how to cook.

In the present tense, **sapere** is irregular.

sapere	to know
so	
sai	
sa	
sappiamo	
sapete	
sanno	

5 Più

Più is used to compare people or things that are not equal. It corresponds to the English 'more', or to the '-er' ending, and usually precedes an adjective or a noun. When comparing people or things directly, **di** usually follows the adjective.

*Lucia è **più** alta **di** Caterina.*
Lucia is taller than Caterina.

Where English uses 'most' or an '-est' ending, Italian uses the **definite article + più + adjective**.

*Di tutti i ragazzi, Tim è **il più alto**.*
Of all the kids, Tim is the tallest.

*Il Colosseo è **il** monumento **più famoso** di Roma.*
The Colosseum is the most famous monument in Rome.

Più di is used in comparisons with numbers.

*Ci sono **più di** cinquantamila spettatori.*
There are more than fifty thousand spectators

To say 'less' or 'least', **meno** is used instead of **più**.

6 Non...mai, non...niente, non...nessuno

In negative expressions, **non** comes before the verb, while **mai**, **niente** and **nessuno** come after the verb.

*Carlo, **non** cambi **mai**!*
Carlo, you'll never change!

***Non** c'è **nessuno** nell'arena.*
There's no one in the arena.

When using the perfect tense, **mai** can also come between the auxiliary verb and the past participle.

***Non** sono **mai** stata a Roma.*
I've never been to Rome.

7 Ci

Ci, meaning 'here' or 'there', is used to refer to a place that has already been mentioned. In a sentence, it usually precedes the verb.

– *Sei stata **a Roma**?*
– *Sì, **ci** sono andata ieri.*
– Have you been to Rome?
– Yes, I went there yesterday.

8 Ne

Ne, meaning 'of it' or 'of them', is used to refer to something that has already been mentioned. In English 'of it' or 'of them' is usually left out. In Italian, **ne** is always included.

– *Vorrei **del prosciutto**, per favore.*
– *Certo. Quanto **ne** vuole?*
– I'd like some ham please.
– Certainly. How much (of it) would you like?

When **ne** is used with the perfect tense, the ending of the past participle agrees with the thing you are referring to.

*Quanti **libri** hai comprato? – **Ne** ho comprati tre.*
How many books did you buy? – I bought three (of them).

Quanto formaggio vuole?

Ne prendo mezzo chilo, grazie.

9 Irregular nouns

Nouns ending in **-ista** in the singular can generally be either masculine or feminine. In the plural, the ending changes to **-i** for masculine nouns, and to **-e** for feminine nouns. The article always changes according to the gender and number of the noun.

	masculine	feminine
singular	**il turista**	**la turista**
plural	**i turisti**	**le turiste**

Capitolo sette

Tutti dicono che Gianna ed io siamo gemelle. Lo dicono perché siamo sempre insieme, non certo perché ci assomigliamo. Le voglio bene come ad una sorella, ma siamo molto diverse. Io sono tranquilla e taciturna mentre Gianna ha sempre qualcosa da dire. Forse per questo andiamo d'accordo. C'è una cosa, comunque, che abbiamo sempre avuto in comune: una gran voglia di vedere Venezia.

L'abbiamo visitata il weekend scorso. Ah, Venezia! Che città stupenda! Immaginate... una città che ha canali invece di strade...una città dove non si vedono macchine e autobus, ma barche e gondole...dove non si sente il rumore del traffico ma dell'acqua che colpisce gentilmente i marciapiedi.

Dunque, Cecilia, siamo qui per solo due giorni. Dobbiamo vedere il Canal Grande, il Ponte dei Sospiri, l'isola di Murano, Piazza San Marco e voglio anche andare sul Campanile.

Gianna, non esageriamo. Io mi voglio divertire. Andiamo a trovare il cugino di Roberto Ferri. Ha un negozio di articoli in vetro. Abbiamo il suo indirizzo.

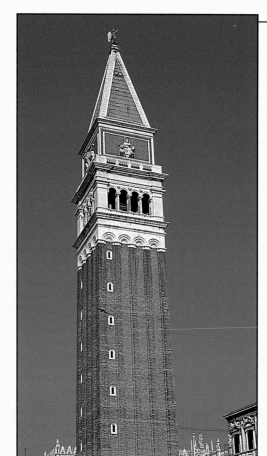

Come vi ho detto, Gianna ha la testa dura. Se non le piace qualcosa non lo fa. Io non mi sono arrabbiata e ho ceduto come sempre. Siamo andate a Piazza San Marco. Gianna mi ha spiegato che il Campanile è caduto nel 1902 ma che l'hanno ricostruito subito dopo, pietra su pietra.

Piazza San Marco è sempre piena di piccioni. Tutti i turisti gli danno da mangiare, così anche noi ci siamo fermate per un po'.

Perché non vengono da me?

Non so e non m'interessa, Cecilia. Andiamo sul Campanile.

5

6

C'è una magnifica vista dal Campanile. Si vede tutta Venezia. Gianna mi ha raccontato tutta la storia di Venezia. Le piace la storia. Anche a me piace, ma non sempre.

Come vedi, Venezia è costruita su tante piccole isole. Infatti, sono 11 isole, 150 canali e più di 400 ponti. La storia di Venezia comincia nel sesto secolo dopo Cristo. Le invasioni barbariche...

7

Il leone è il simbolo di Venezia. Nel 1299, quando Marco Polo...

E questo è il famoso Ponte dei Sospiri. È stato costruito nell'Ottocento tra il Palazzo Ducale e le prigioni. Conosci la storia di Casanova, vero? Ebbene, lo hanno messo in questa prigione.

Senti, Gianna, tutto questo è molto interessante, ma basta con la storia. Andiamo a trovare il cugino di Roberto. Io preferisco le cose vive e non quelle morte.

Ho dovuto insistere un bel po', ma finalmente ha ceduto.

Va bene, va bene. Sono sicura che sarà serio e noioso come suo cugino, Roberto. Dov'è il suo negozio?

È in Calle dei Fabbri. Deve essere qui vicino. Domandiamo a qualcuno.

Scusi, mi sa dire dove si trova Calle dei Fabbri? Cerchiamo un certo Emilio Ferri.

Con l'aiuto del gondoliere abbiamo trovato il negozio.

Ferri...Ferri... È avvocato, vero?

No, è negoziante. Ha un negozio di articoli in vetro.

Buongiorno, cerchiamo il signor Emilio Ferri. È qui?

Ah sì, certo. Allora, non è molto lontano. Se volete, vi porto in gondola e facciamo anche un piccolo giro della Venezia storica. Costa solo ottantamila lire.

No, grazie. Costa troppo. E poi, la storia di Venezia la conosco tutta adesso.

Sì, sono Desidera

È Lei? Ah...piacere. Io sono Gianna e questa è la mia amica Cecilia. Siamo amiche di Suo cugino Roberto. Le manda i suoi saluti.

11

12

Amiche di Roberto? Che piacere! Prego, accomodate

Vi piace il vetro di Murano?

Ho sentito bene? Le interessa molto la storia!

Sì, ci piace molto.

Conoscete la sua storia?

Veramente no, ma a me interessa molto.

13

14

Emilio è una persona molto in gamba. Mi ha raccontato la storia di Murano e mi ha spiegato come si fanno gli oggetti di vetro. Anche Gianna ha ascoltato attentamente.

15

E così cambia il colore del vetro. Può essere giallo, azzurro, rosso...

Alla fine ci ha invitate a cena.

Stasera, se permettete, vi vorrei portare 'Da Raffaele'. È un simpaticissimo ristorante dove si può mangiare e bere all'aria aperta. Poi possiamo fare un giro in gondola. Che ne pensate?

16

Ma certo, grazie. Sei molto gentile.

Gianna è stata molto brava. Mi ha lasciato fare quello che ho voluto io. Per ringraziarla, le ho comprato un gelato.

Hai visto che ci siamo divertite, Gianna? Emilio non è affatto noioso, e ci ha invitate a cena ...e ci ha raccontato tutta la storia di Murano.

17

Sì, è vero. Mi sono divertita. Visto che l'arte e la storia ti piacciono tanto, domani ti porto a visitare tutti i musei e le gallerie d'arte di Venezia. Va bene?

DOMANDE

1 Cecilia e Gianna sono gemelle?
2 Secondo Cecilia, perché vanno d'accordo?
3 Che cosa hanno in comune?
4 Che rumori non si sentono a Venezia?
5 Che cosa fanno i turisti in Piazza San Marco?
6 Che cosa si vede dal Campanile?

7 Perché Gianna non vuole andare a trovare Emilio?
8 Che lavoro fa Emilio?
9 Perché non fanno un giro in gondola?
10 Dove vuole portare le ragazze dopo cena Emilio?
11 A Cecilia interessano la storia e l'arte?

A Che lavoro fai, **Valentino**?
Faccio **l'operaio**.

o

Sono **operaio**.

B A **Marianna** piace il suo lavoro?
Sì. **Le** piace fare **la commessa**.

C Conosci **Giancarlo**?
Sì, certo che **lo** conosco. **Lui** fa
l'ingegnere, vero?

CHE LAVORO FAI?

l'**avvocato**	lawyer
il **commesso (-a)**	shop assistant
il **cuoco (-a)**	cook
l'**elettricista**	electrician
l'**idraulico**	plumber
l'**infermiere (-a)**	nurse
l'**ingegnere**	engineer
il **medico**	doctor
l'**operaio (-a)**	worker
l'**operatore di computer**	computer operator
il **segretario (-a)**	secretary
lo **stilista**	fashion designer

Note: Although there are feminine forms for most
occupations, many are rarely used (e.g. **avvocato –
avvocatessa**). The ones given above are more commonly
used. Where appropriate, **il** and **lo** change to **la**.

La signora Pollastrini ha sei figli e molta pazienza.
Oggi li ha portati in un negozio d'abbigliamento e
gli ha comprato dei nuovi vestiti.

A Di che colore **è il vestito** di **Natalia**?
  È arancione.

B Che cosa porta **Raffaella**?
  Porta **i pantaloncini viola** e **la
  T-shirt rosa.**

L'ABBIGLIAMENTO

le **calze**	socks	il **maglione**	pullover, jumper
la **camicetta**	blouse	i **pantaloncini**	shorts
la **camicia**	shirt	i **pantaloni**	trousers
il **cappotto**	coat	le **scarpe**	shoes
la **giacca**	jacket	la **T-shirt**	T-shirt
la **gonna**	skirt	il **vestito**	dress, suit
i **jeans**	jeans		

C Per chi ha comprato **la camicetta**?

L'ha comprat**a** per **Lidia**.

D Che cosa ha comprato per **Ivano**?

Gli ha comprato **una camicia azzurra e dei pantaloni blu**.

E A **Donato piacciono le scarpe** nuove?

Sì, **gli piacciono** molto.

I COLORI			
arancione	orange	**marrone**	brown
azzurro	blue	**nero**	black
bianco	white	***rosa**	pink
***blu**	(dark) blue	**rosso**	red
giallo	yellow	**verde**	green
grigio	grey	***viola**	purple

*The endings of these colours do not change.

Cosa hanno fatto i Pollastrini stamattina, prima di andare al negozio?

A Che cosa ha fatto **Ivano**?
Si è fatto la barba.

B **Alessio**, **ti sei fatto la doccia**?
Sì, **mi sono fatto la doccia**.

C Dai, **Raffaella**! Non **ti sei lavata** ancora?
Va bene, adesso **mi lavo**.

D **Donato**, **ti** devi **vestire** subito!
Ma non voglio **vestirmi** adesso.

VERBI RIFLESSIVI	
farsi la doccia	to have a shower
pettinarsi	to comb one's hair

A tu per tu uno

...

Al telefono

A Pronto!

B Pronto, | Stefano. / Annamaria. | Sono Carlo. / Sono Lucia. | Come stai? / Come va?

A Mi dispiace, / Un momento, | non sono | Stefano, / Annamaria, | sono | sua madre. / suo padre.

B Oh, mi scusi. Posso parlare con | Stefano? / Annamaria?

A Mi dispiace, ma | non è in casa. / è uscito/a. | È andato/a | al mercato / al generi alimentari / all'edicola | a comprare | il giornale. / della frutta. / del pane.

B Quando ritorna?

A Fra poco, credo. Vuole lasciare un messaggio?

B Sì, grazie. | Gli / Le | può dire che ho telefonato e che ritelefono più tardi?

A Va bene. / D'accordo. | Arrivederci.

Più tardi

A Pronto!

B Pronto! | Annamaria, / Stefano, | sei tu?

A Sì, sono io. Chi parla?

B Sono Carlo. / Sono Lucia. | Ciao, | come va? / come stai?

A Bene, grazie. / Non c'è male, grazie.

PAROLE NUOVE

pronto!	hello!
l'edicola	news stand
il messaggio	message
il telefono	telephone
telefonare	to phone
ritelefonare	to phone again
lasciare	to leave
uscire	to go out
a più tardi	see you later

B Senti. Vuoi uscire stasera? C'è | un nuovo film / una nuova commedia / una nuova mostra | al Teatro Ariston. / al museo civico. / al Cinema Bramante.

A D'accordo. C'incontriamo davanti | al teatro / al museo / al cinema | fra un'ora. Va bene?

B Sì. A più tardi. Ciao.

Al ristorante

TRATTORIA S. AGOSTINO

Menù

Antipasto	Prezzo		Contorni	Prezzo
Antipasto misto	7.000		Insalata mista	6.500
Frutti di mare	9.000		Insalata verde	6.500
Prosciutto e melone	7.000		Pomodori	6.500
			Patatine fritte	6.500
Primi			**Dolci**	
Tagliatelle al tartufo	10.000		Tiramisù	7.000
Tortellini in brodo	8.500		Coppa di gelato	6.000
Minestrone	8.500		Macedonia di frutta	7.500
Penne Sant'Agostino	9.000		Cassata	6.500
Secondi			**Bevande**	
Pollo arrosto	13.500		Vino (bianco o rosso)	2.500
Bistecca ai ferri	15.000		Birra	3.500
Calamari fritti	14.000		Acqua minerale	1.500
Cotoletta alla milanese	12.500		Coca-Cola	2.500

Pane e Coperto 2.000

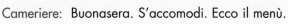

Cameriere: Buonasera. S'accomodi. Ecco il menù.

Cliente: Grazie. Non prendo antipasto, ma come primo cosa suggerisce?

Cameriere: Beh, come primo suggerisco **il minestrone**. **È** una nostra specialità.

Cliente: Benissimo, mi piac**e il minestrone**.

Cameriere: Per secondo, suggerisco **la cotoletta alla milanese**. **È** molto buon**a**.

Cliente: Mmm, no. Preferisco **i calamari fritti**, grazie.

Cameriere: Vuole un contorno?

Cliente: Sì, **un'insalata mista**.

Cameriere: Va bene. Prende anche un dolce?

Cliente: Perché no! Prendo **il tiramisù**.

Cameriere: E da bere?

Cliente: **Vino bianco**, grazie.

Cameriere: Prego.

Alla fine

Cliente: Il conto, per favore.

Cameriere: Subito.

- *Adesso che avete ordinato la cena, calcolate quanto è il conto.*

AL RISTORANTE

l'**antipasto**	appetiser
il **primo** (piatto)	entrée
il **secondo** (piatto)	main course
il **contorno**	side dish
il **dolce**	dessert
la **bevanda**	drink
la **bistecca**	steak
il **conto**	bill
il **coperto**	cover charge
la **coppa**	bowl
la **cotoletta**	cutlet
i **frutti di mare**	seafood
l'**insalata**	salad
la **macedonia di frutta**	fruit salad
il **menù**	menu
la **patatina**	chip
il **pollo**	chicken
la **specialità**	speciality
il **vino**	wine
ai ferri	grilled
alla milanese	crumbed and fried
arrosto	roast
fritto	fried
misto	mixed

It's Sunday morning and you'd like to go out. Phone a friend and, from the events listed below, find an activity that you both like and at a time that suits you both.

You look only on this page while your partner looks only on the next page.

To find the appropriate activity you'll need to look at the program of events, look at your diary to see when you're free, and consider the things you don't like.

Check your answer on page 160.

> **Pronto. Piero, sei tu?**

> **Sì. Ciao, Silvia. Come stai?**

> **Bene, grazie. Senti, vuoi venire all'Arena stasera? C'è la *Turandot* di Puccini.**

> **Scherzi! Non mi piace la musica classica. Preferisco andare al cinema. C'è un film con Marcello Mastroianni al Cinema Ariston...**

---

48 DOMENICA 14 LUGLIO

Cinema

ARISTON
Galleria del Corso
ore 14.15, 17.40

Al di là delle nuvole
Con M. Mastroianni
Drammatico

CORSO
Galleria del Corso
ore 17.10, 22.30

Duri a morire
Con B. Willis
Azione

ORCHIDEA
Via Terraggio 3
ore 17.50, 20.10

Le nozze di Muriel
Con T. Colette
Commedia

ODEON
Via S. Radegonda 8
ore 20.20, 22.30

Vite Separate
Con J. Belushi
Thriller

Teatro

TEATRO MANZONI
Via Manzoni 40
ore 20.30
Prevendita biglietti

West Side Story

Musical

FONTANA
Via Boltraffio 21
ore 19.30

La mandragola
di N. Machiavelli
Commedia

Opera Lirica

ARENA DI VERONA
ore 21.15
Prevendita biglietti

Turandot
di G. Puccini

Concerti

SALA WAGNER
Piazza Wagner 2
ore 21.30

Concerto Jazz

PIAZZA S. CROCE
ore 22.00

Edoardo Bennato
Rock

Sport

CALCIO
Stadio Comunale
ore 20.00

Verona–Milan
Coppa Italia

BASKET
Palasport
ore 21.30

Mash Verona – Stefanel Milano

TENNIS
Centro Sportivo
ore 11.00

Torneo ATP

---

luglio ——— **Diario**

14 DOMENICA

13.00–14.30 pranzo dalla zia Maria
Mmm... gnocchi, spero!!

20.00–21.30 riunione "gruppo verde"

Non mi piacciono:
il calcio
i film d'azione
il teatro

15 LUNEDÌ

It's Sunday morning and your friend phones to see if you'd like to go out. From the events listed below, find an activity that you both like and at a time that suits you both.

You look only on this page while your partner looks only on the previous page.

To find the appropriate activity you'll need to look at the program of events, look at your diary to see when you're free, and consider the things you don't like.

Check your answer on page 160.

48 DOMENICA 14 LUGLIO

Cinema

ARISTON
Galleria del Corso
ore 14.15, 17.40

Al di là delle nuvole
Con M. Mastroianni
Drammatico

CORSO
Galleria del Corso
ore 17.10, 22.30

Duri a morire
Con B. Willis
Azione

ORCHIDEA
Via Terraggio 3
ore 17.50, 20.10

Le nozze di Muriel
Con T. Colette
Commedia

ODEON
Via S. Radegonda 8
ore 20.20, 22.30

Vite Separate
Con J. Belushi
Thriller

Teatro

TEATRO MANZONI
Via Manzoni 40
ore 20.30
Prevendita biglietti

West Side Story

Musical

FONTANA
Via Boltraffio 21
ore 19.30

La mandragola
di N. Machiavelli
Commedia

Opera Lirica

ARENA DI VERONA
ore 21.15
Prevendita biglietti

Turandot
di G. Puccini

Concerti

SALA WAGNER
Piazza Wagner 2
ore 21.30

Concerto Jazz

PIAZZA S. CROCE
ore 22.00

Edoardo Bennato
Rock

Sport

CALCIO
Stadio Comunale
ore 20.00

Verona–Milan

Coppa Italia

BASKET
Palasport
ore 21.30

Mash Verona – Stefanel Milano

TENNIS
Centro Sportivo
ore 11.00

Torneo ATP

luglio — Diario

14 DOMENICA

11.00–1200 messa → cattedrale

17.00–19.00 compleanno di Alberto
Che regalo comprare ????

Non mi piacciono:
il basket
il jazz
i thriller

15 LUNEDÌ

L'accento giusto

s, z

There are two ways of pronouncing the letter **s** in Italian.

It is pronounced like the 's' in the English word 'rose' when it appears between two vowels, or before the consonants **b**, **d**, **g**, **l**, **m**, **n**, **r** and **v**.

museo   così   smettetela   svedese

In all other cases it is pronounced like the 's' in the English word 'salt'.

triste   signora   gratis   scuola

There are also two ways of pronouncing the letter **z** in Italian.

The most common way is like the 'ts' in the English word 'cats'.

grazie   esercizio   colazione   pizza

It is also pronounced like the 'ds' in the English word 'rods'.

zero   zucchero   mezzo   pranzo

Practise these sentences.

Sette pezzi di pizza, grazie.
Smettetela di scherzare. Sono stanco.
Mi sono alzato a mezzogiorno e mezzo.
Queste studentesse sono simpaticissime.
L'onomastico di sua zia è il diciassette marzo.
Ci sono seicentosessantasei studenti in questa scuola.

Scioglilingua

Seicentosessantasei svizzeri
succhiavano senza cessare
e senza sosta
seicentosessantasei
salsicce senza salsa.

Al pozzo di Messer Pazzino dei pazzi,
c'era una pazza che lavava una pezza.
Venne Messer Pazzino dei pazzi,
prese la pazza e la pezza
e le buttò nel pozzo.

Tocca a voi due

You have just won a shopping voucher to the value of L.500.000, to be spent in a clothing store in Rome's Via Condotti.

You have to see if you can spend the money on clothes featured on the next two pages. Your partner acts as the shop assistant who offers helpful advice and keeps check on how much money you've spent.

You're not the sort of person to spend all that money on yourself, so you should select something for at least four other people.

Vorrei comprare qualcosa per mia sorella.

Quanti anni ha?

Diciotto anni.

Perché non le compra un completo? Li abbiamo in beige, verde, azzurro, bordeaux e marrone.

L. 40.000

la polo
senape
bianco
blu

L. 175.000

il giubbotto

L. 70.000

il gilet

MODA IN

L. 79.000

le scarpe
nero
marrone

L. 115.000

il cardigan
1 avorio
2 grigio scuro
3 verde scuro
4 viola
5 granata
6 marrone

L. 85.000

la camicia
nero
azzurro
avorio
grigioverde
rosso

L. 50.000

il pigiama

viola
rosa
turchese
corallo
azzurro
pesca
verde acqua

i jeans

1	avorio	**L. 67.000**	4	sbiadito	**L. 83.000**
2	nero	**L. 79.000**	5	classico	**L. 79.000**
3	prélavé	**L. 73.000**	6	double stone	**L. 83.000**

nero
cammello
grigio scuro
rosa pastello
verde

L.133.000

la giacca

L. 99.000

il completo

beige, verde, azzurro,
bordeaux, marrone

3.000

...nti in pelle

L. 25.000

le pantacalze
nero
nero a fantasia

celeste   rosa   ❸   giallo
                                           pastello

❶   ❷

avorio   grigio   nero

L. 63.000   **L. 67.000**   **L. 67.000**

1 **la maglietta**   2 **la maglietta**   3 **la maglietta**
girocollo   a maniche   dolcevita
a maniche   lunghe con   a maniche
corte   collo a vu   lunghe

1 i pantaloni	L. 40.000
2 i fuseaux	L. 26.000
3 il gilet	L. 30.000
4 la giacca-camicia	L. 42.000
5 la giacca con cappuccio	L. 67.000
6 il pullover	L. 36.000

L. 77.000

il pullover

INTERVISTIAMO UNA NOTA STILISTA ITALIANA

Siamo a Roma, nella centralissima via Condotti, cuore della moda italiana. Con noi c'è la stilista Laura Andreani.

I – Signora Andreani, nei suoi anni trascorsi da stilista cos'è cambiato nell'industria italiana della moda?

A – Moltissimo! Anni fa, quando ho iniziato la carriera, il centro più importante per la moda era senza dubbio Parigi. In Italia questa industria era ancora nella prima infanzia. Oggi, invece, siamo all'avanguardia non solo per gli abiti, ma anche per gli altri generi d'abbigliamento come le scarpe, gli articoli in pelle e la bigiotteria. E non dimentichi che le stoffe italiane sono usate da noi e da stilisti di ogni parte del mondo: francesi, americani e anche giapponesi! Nomi come Valentino, Armani, Versace...e tanti altri sono fra i leader dell'export di casa nostra e le loro firme sono conosciute ed apprezzate dovunque.

I – A proposito di 'firme', qual è secondo lei l'importanza del 'nome' per i giovani d'oggi?

A – Per i giovani, e per molti non più giovani, la firma è...TUTTO. Infatti non ho inventato io la definizione di 'look-generation' per questi giovani d'oggi che, con il look, affermano la loro personalità.

I – Allora per questa generazione è ancora importante 'fare bella figura'?

A – Secondo me non si tratta più di 'fare bella figura' ma di attirare l'attenzione degli altri usando nel vestirsi oggetti eleganti ma che allo stesso tempo sottolineano la personalità.

I – Allora è finita l'epoca della 'bella figura'?

A – Assolutamente no. Esiste ancora la tradizione italiana di vestirsi bene anche per andare a fare la spesa o una passeggiata. È non solo un obbligo sociale ma anche un piacere personale.

I – Qual è, secondo lei, il segreto del successo del made in Italy?

A – Gli italiani hanno tanti difetti, ma anche un pregio che tutti ci riconoscono. Hanno quel qualcosa di

diverso che noi chiamiamo 'estro', che poi si traduce con la parola 'creatività', unita ad originalità e qualità.

I – Ma con i prezzi che vediamo nei negozi, come fanno gli italiani a comprare le grandi firme?

A – Oggi le grandi firme non le troviamo solo nell'abito 'unico' ma anche nel mondo del prêt-à-porter che è molto accessibile. Non dimentichiamo che accanto agli Armani e Valentino ci sono le grandi marche come Benetton o Fiorucci che producono articoli di alta qualità specificamente per il mercato di massa.

I – Parliamo un po' della sua boutique: quali sono gli articoli più richiesti?

A – Molto gli abiti da sera, ma anche il casual e la bigiotteria.

I – Abiti casual, prêt-à-porter, look...il vocabolario della moda è pieno di parole straniere o sbaglio?

A – Non sbaglia affatto. Parole come cardigan, shorts, jeans e tante altre fanno parte ormai anche del linguaggio italiano e sono capite da tutti. A proposito, sa che la parola inglese 'jeans' viene dal nome di una città italiana?

I – Davvero? E quale?

A – Genova!

S u p e r m o d e l l e . . . a d d i o ! !

Arriva la nonna in passerella

Addio, Claudia Schiffer! Arrivederci, Elle Macpherson! L'era della supermodella sta finendo, e al suo posto, ecco che arriva una nuova generazione. Anche questa creata da quegli stilisti di fama mondiale (Armani, Valentino, Versace ecc.) che hanno lanciato il mito delle supermodelle.

Adesso in passerella fanno sfilare anche la 'mezza età': uomini e donne dai quarant'anni in su. Persone più o meno famose ma che sono, comunque, sempre vicine al cuore del pubblico. Sono madri e padri, a volte addirittura nonni e nonne.

Ad aprire la stagione dei 'ritorni' è stata, in televisione, Isabella Verney, la prima 'miss' italiana, diventata famosa nel 1939, all'età di quattordici anni, vincendo il concorso per il più bel sorriso d'Italia.

Oggi quella ragazzina ha settantadue anni, è nonna, ed ha ancora un sorriso meraviglioso.

Sfilano Stefania Sandrelli, baby-star degli anni Sessanta, l'attrice Caterine Spaak, Ornella Vanoni, l'intramontabile signora della canzone italiana, con il non meno intramontabile Gino Paoli che ha appena inciso il suo ultimo successo, la colonna sonora del film *La bella e la bestia*, insieme alla figlia.

Il suo debutto in passerella è stato un trionfo.

Parole nuove

ESPRESSIONI UTILI

all'aria aperta	in the open air
andare d'accordo	to get on well
avere la testa dura	to be stubborn
basta!	enough!
dai!	come on!
dare da mangiare	to feed
ebbene	well then
fare un giro	to go for a ride
in gamba	on the ball
un bel po'	quite a lot
una gran voglia	a great desire
visto che	since, seeing that
volere bene	to love

NOMI

l'aiuto	help
l'articolo	item, object
il campanile	bell tower
il gemello	twin
il giro	trip
il marciapiede	footpath
il negoziante	shopkeeper
l'oggetto	object
il piccione	pigeon
il ponte	bridge
il saluto	greeting
il secolo	century
il simbolo	symbol
l'arte (f.)	art
la fine	end
la galleria	gallery
l'isola	island
la pietra	stone
la prigione	prison
la storia	history, story
la testa	head

AGGETTIVI

certo	certain, of course
comune	common
diverso	different
duro	hard
magnifico	magnificent
sesto	sixth
sicuro	sure
stupendo	wonderful, stupendous
taciturno	reserved, quiet
vivo	alive

VERBI

assomigliarsi	to look alike
colpire	to hit
cedere	to give in
cercare	to look for
costruire	to build
dare	to give
domandare	to ask
esagerare	to exaggerate
immaginare	to imagine
interessare	to interest
mandare	to send
pensare	to think
permettere	to permit, to allow
portare	to wear
raccontare	to tell
ringraziare	to thank
spiegare	to explain
trovare	to find, to see

ALTRE PAROLE

attentamente	attentively
comunque	however
dunque	well then
finalmente	finally
gentilmente	gently
infatti	in fact
invece	instead
personalmente	personally
qualcuno	someone
tra	between

Che magnifico palazzo!

1 Reflexive verbs with *volere, dovere* and *potere*

When reflexive verbs are used with the modal verbs **volere**, **dovere** or **potere** in the present tense, the reflexive pronoun can either be attached to the infinitive after it loses the final **-e**, or placed before the appropriate form of **volere**, **dovere** or **potere**. The reflexive pronoun must always change to agree with the subject.

Adesso devo vestirmi.   *Adesso mi devo vestire.*
Vogliamo divertirci.   *Ci vogliamo divertire.*

Se volete veramente godervi Venezia, dovete fare un giro in gondola!

2 Reflexive verbs in the perfect tense

All reflexive verbs take **essere** as their auxiliary verb. In the perfect tense they follow the pattern shown in the table below.

lavarsi	to wash oneself
mi sono lavato/a	I (have) washed myself
ti sei lavato/a	you (have) washed yourself
si è lavato/a	he (has) washed himself, she (has) washed herself
ci siamo lavati/e	we (have) washed ourselves
vi siete lavati/e	you (have) washed yourselves
si sono lavati/e	they (have) washed themselves

3 Direct object pronouns

Here are all the forms of the direct object pronouns.

mi	me
ti	you
lo	him, it (m.)
la	her, it (f.), you (for.)
ci	us
vi	you
li	them (m.)
le	them (f.)

Lo and **la** often lose their vowels before verbs that begin with a vowel sound. **Li** and **le** are never shortened. When **lo**, **la**, **li** and **le** are used with the perfect tense, the past participle must agree with the object.

*Hai comprato **la camicia**? – Sì, **l'**ho comprat**a**.*
*Hai comprato **le camicie**? – Sì, **le** ho comprat**e**.*

When **mi**, **ti**, **ci** and **vi** are used with the perfect tense, the past participle can either maintain an **-o** ending, or change to agree with the object.

*Mi ha raccontat**o/a** la storia di Venezia.*

When a direct object pronoun is used with a verb in the infinitive, you take away the final **-e** from the infinitive and attach the pronoun.

*Per ringraziar**la** le ho comprato un gelato.*

Avete visitato i musei in quest'edificio?

Sì, li abbiamo visitati.

4 Irregular verbs in the present tense

dare	to give
do	
dai	
dà	
diamo	
date	
danno	

uscire	to go out
esco	
esci	
esce	
usciamo	
uscite	
escono	

Note: Dà is written with an accent to distinguish it from **da** (meaning 'from').

5 Indirect object pronouns

In Italian, an indirect object is one that requires a preposition, usually **a** or **per**, before it receives the action of the verb.

The following indirect object pronouns can replace the indirect object and preposition, and usually precede the verb.

mi	to/for me
ti	to/for you (*inf.*)
gli	to/for him
le	to/for her, to/for you (*for.*)
ci	to/for us
vi	to/for you
gli	to/for them

– *Che cosa ha comprato* ***per Ivano?***
– ***Gli*** *ha comprato una camicia.*

– What did she buy for Ivano?
– She bought him a shirt.

Note that except for **gli** (*s.*), **le** and **gli** (*pl.*), the indirect object pronouns are the same as the direct object pronouns.

6 Piacere – 'to like'

To say 'to like' in Italian, the verb **piacere** is commonly used. However, as **piacere** literally means 'to be pleasing to', it functions differently from most other verbs. To say 'I like...', 'you like...' etc., you use the appropriate indirect object pronoun with **piace** or **piacciono**, as shown in the table below.

mi piace, mi piacciono	I like
ti piace, ti piacciono	you like (*inf.*)
gli piace, gli piacciono	he likes
le piace, le piacciono	she likes, you like (*for.*)
ci piace, ci piacciono	we like
vi piace, vi piacciono	you like
gli piace, gli piacciono	they like

Vi *piace Venezia? – Sì,* ***ci*** *piace molto.*

Piacere is also often used with **a** followed by a noun or a disjunctive pronoun (**me**, **te** etc.).

*A **Gianna** piace la storia.*
*A **me** piacciono i musei, a **lei** piacciono i ristoranti.*

Capitolo otto

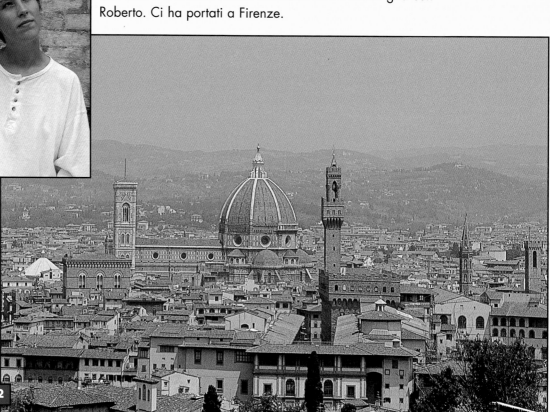

1

Non sembra possibile, ma il nostro soggiorno in Italia è quasi alla fine. Il weekend scorso abbiamo fatto l'ultima gita con Roberto. Ci ha portati a Firenze.

2

Il tempo era bellissimo. Il sole splendeva e non faceva troppo caldo. Eravamo contenti di avere una giornata libera dopo una settimana di lezioni.

Roberto come sempre era molto serio ed aveva fretta.

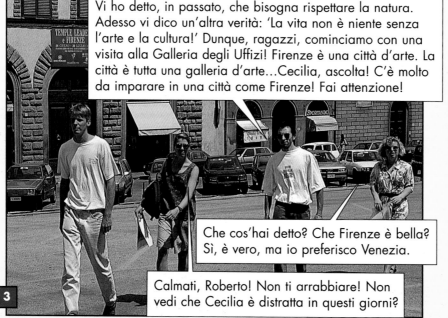

Vi ho detto, in passato, che bisogna rispettare la natura. Adesso vi dico un'altra verità: 'La vita non è niente senza l'arte e la cultura!' Dunque, ragazzi, cominciamo con una visita alla Galleria degli Uffizi! Firenze è una città d'arte. La città è tutta una galleria d'arte...Cecilia, ascolta! C'è molto da imparare in una città come Firenze! Fai attenzione!

Che cos'hai detto? Che Firenze è bella? Sì, è vero, ma io preferisco Venezia.

Calmati, Roberto! Non ti arrabbiare! Non vedi che Cecilia è distratta in questi giorni?

3

4

Era vero. Cecilia aveva un'aria strana. Dopo il suo viaggio a Venezia mi sembrava diversa. Non so perché. Carlo, invece, era veramente giù di morale.

Cecilia, sai perché Lucia non è venuta?

Non lo so. Carlo, non mi dire che ti manca. Litigate sempre, voi due.

Dopo la visita agli Uffizi, siamo andati a vedere Palazzo Vecchio in Piazza della Signoria. Roberto ci ha spiegato che durante il Risorgimento, Firenze era la capitale d'Italia. Per sei anni, dal 1865 al 1871, Palazzo Vecchio è stato la sede del Parlamento Italiano.

Per entrare agli Uffizi c'era una fila abbastanza lunga. Abbiamo aspettato per circa mezz'ora. Una volta dentro, Roberto ci ha parlato del Rinascimento, degli artisti e delle loro opere. Quando ci ha fatto vedere il suo quadro preferito, era addirittura emozionato.

Questo è il Duca di Montefeltro, uno dei colossi del Rinascimento. Abitava ad Urbino ma durante l'estate veniva ad Urbania e abitava nel palazzo del Parco Ducale. Grand'uomo!

E grande naso!

Il centro storico di Firenze non è molto grande. Per andare da Piazza della Signoria al Duomo ci vogliono solo cinque minuti a piedi. Ci siamo fermati davanti al Duomo per osservarlo bene. Mentre Cecilia ed io ascoltavamo le spiegazioni di Roberto, Caterina e Carlo parlavano di altre cose.

Caterina, perché Lucia non è venuta con noi questo weekend? È arrabbiata con me?

Arrabbiata con te? Non lo so. Forse sei noioso, e sei anche pesante, ma lei ha molta pazienza.

Grazie, Caterina. Sei una vera amica!

Gianna non era contenta di guardare soltanto il Campanile di Giotto. Ha voluto salire in cima. Le piacciono le viste dall'alto. Come al solito, ha convinto anche Cecilia.

Guarda! Si vede il Duomo da vicino. È bellissimo! È opera del famoso architetto Brunelleschi. Hai visto? Valeva la pena di salire, vero?

Sì. Il panorama è stupendo. Si vede tutta Firenze e le sue colline.

Tim e Roberto sono rimasti in Piazza del Duomo. Hanno trovato un artista che faceva delle caricature. Tim gli ha chiesto di fare la sua.

Ecco, ho finito. Sa che Lei assomiglia ad un famoso personaggio di Firenze.

Veramente? A chi? Un duca? Un principe?

No, io pensavo a Pinocchio.

Bravo, Michelangelo!

Lì vicino c'è la Porta del Paradiso. A scuola ho studiato la storia dell'arte, e ricordo le fotografie. È bellissima! Fino a poco tempo fa era l'originale. Adesso i riquadri originali sono nel Museo dell'Opera del Duomo.

Guardate, ragazzi! Ogni riquadro rappresenta una storia dell'Antico Testamento.

Uuu, che mal di testa!

Carlo, che c'è? Stai male? Mi sembri un po' pallido.

C'è una farmacia sul Ponte Vecchio. Alzati, Carlo! Ci andiamo insieme.

Il Ponte Vecchio è uno dei posti più caratteristici di Firenze. Una volta ci abitavano dei pescatori. Adesso ci sono tante oreficerie, bigiotterie…e anche una farmacia.

FARMACIA
"AL PONTE VECCHIO"
GIÀ SIGNORI

Accidenti! È chiusa. Come faccio adesso?

Anch'io sto male. Mi sono fatto male alla mano. Tu che cos'hai?

14

Mentre guardavo i negozi, mi è venuta un'idea.

15

Carlo, vieni qui! Io credo che stai male perché ti senti colpevole. Sì, colpevole di aver perso l'anello di Lucia. Perché non le compri un altro anello simile?

Forse hai ragione. Guarda! Questi anelli sono molto simili a quello di Lucia.

E poi...un colpo di fortuna!

BIJOUX PONTE VECCHIO

Ragazzi, guardate! Abbiamo trovato un anello identico a quello che Lucia ha comprato a Roma. E qui costa solo trentamila lire.

16

Fantastico. Brava, Annamaria.

E così, Carlo ha comprato l'anello, gli è passato il mal di testa, e per il resto del nostro soggiorno a Firenze è stato in piena forma. Quando siamo ritornati ad Urbania, non vedevo l'ora di raccontare tutto a Lucia.

Dovevi vederlo, Lucia. Parlava solo di te. Domandava a tutti dov'eri e perché non c'eri.

17

Non ci credo. E mi ha comprato l'anello? Che tesoro!

Mmm, c'è qualcosa nell'aria!

DOMANDE

1   Com'era il tempo a Firenze?
2   Perché era distratta Cecilia?
3   Perché era giù di morale Carlo?
4   Dove abitava durante l'estate il Duca di Montefeltro?
5   Secondo te, Lucia è arrabbiata con Carlo?
6   Perché Cecilia è salita in cima al Campanile di Giotto?

7   Secondo l'artista, a chi assomiglia Tim?
8   Che cos'è la Porta del Paradiso?
9   Che cosa c'è adesso sul Ponte Vecchio?
10 Secondo Annamaria, perché sta male Carlo?
11 Che cosa suggerisce Annamaria?
12 Qual è la reazione di Lucia quando Annamaria le racconta tutto?

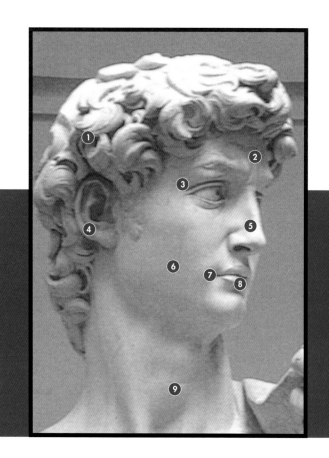

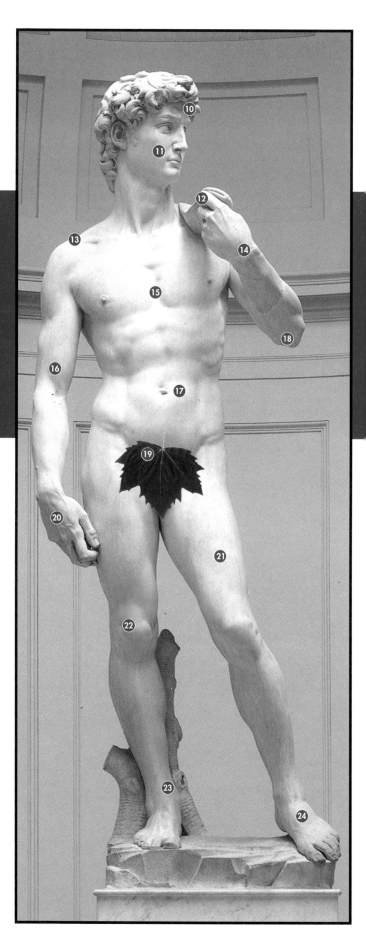

IL CORPO

1	i **capelli**	13	la **spalla**
2	la **fronte**	14	il **polso**
3	l'**occhio**	15	il **petto**
4	l'**orecchio**	16	il **braccio**
5	il **naso**	17	lo **stomaco**
6	la **guancia**	18	il **gomito**
7	la **bocca**	19	la **foglia**
8	il **labbro**	20	la **mano**
9	il **collo**	21	la **gamba**
10	la **testa**	22	il **ginocchio**
11	il **viso**	23	la **caviglia**
12	il **dito**	24	il **piede**

> **A** Allora, Michelangelo, hai finito il David?
> **1** No. Devo ancora fare **i capelli**.

Botta e risposta due

Alla farmacia

A Che cos'hai, **Domenico**?

Mi **fa** male **la schiena**.

B Mi **fa** male **la testa**. Che cosa mi può suggerire?

Queste compresse sono buone.

C Ieri mi **facevano** male **gli occhi**.

Hai comprato **delle gocce**, allora?

ALLA FARMACIA	
l'**antiacido**	antacid
la **caramella**	(cough) lolly
la **compressa**	tablet
la **goccia**	drop
la **pomata**	cream
la **gola**	throat
la **schiena**	back
fare male	to hurt
che cos'hai?	what's the matter?

Quando ero piccola...

Ogni mattina...

Ogni giorno...

Ogni sera...

Ogni pomeriggio...

Ogni sabato...

A Annamaria, ti piace **ascoltare la radio?**
Sì. Quando ero piccola **ascoltavo la radio ogni mattina**.

B Quando **facevate i compiti?**
Facevamo i compiti ogni pomeriggio.

C **Guardavi la televisione ogni sera?**
Sì, anche i miei fratelli **la guardavano ogni sera.**

Una volta al mese...

A casa dobbiamo...

Mirella

Aldo   Barbara

Anita   Dario

Gemma

Pietro

A Di' a **Mirella** di **fare il letto**!
Mirella, fa' il letto!

B **Pietro, devi lavare i piatti**!
Uffa! **Li ho lavati** ieri.

C Avanti, **Gemma, spazza il pavimento**!
Sono stanc**a**. **Lo spazzo** più tardi.

D **Aldo**! **Barbara**! Non **preparate la tavola** adesso!
Ma la mamma ha detto che **dobbiamo prepararla**.

PAROLE NUOVE	
fare il letto	to make the bed
preparare la tavola	to set the table
spazzare il pavimento	to sweep the floor

Alla banca

CAMBI DELLA LIRA	
Valute estere	**Quotazioni**
Dollaro USA	1.661
Euro	2.214
Marco tedesco	1.207
Franco francese	339
Sterlina	2.688
Fiorino olandese	1.078
Franco belga	58
Peseta spagnola	13
Corona danese	307
Lira irlandese	2.726
Dracma	7
Escudo portoghese	11
Dollaro canadese	1.219
Yen giapponese	19
Franco svizzero	1.464
Scellino austriaco	171
Corona norvegese	268
Corona svedese	228
Marco finlandese	391
Dollaro australiano	1.232

Cliente: Buongiorno.

Impiegato: Buongiorno. Mi dica.

Cliente: Vorrei prelevare dei soldi con la carta
            di credito, per favore. Ho **Visa**.

Impiegato: Mi dispiace, ma non accettiamo **Visa**.

Cliente: Posso cambiare dei traveller's cheque, allora?

Impiegato: Sì, certo. Ha un documento?

Cliente: Sì, ho **la patente**. Mi sa dire quant'è
            il cambio de**l dollaro americano** oggi?

Impiegato: **1.661** lire. Quanto vuole cambiare?

Cliente: **Cento dollari**, grazie.

Impiegato: Va bene. Firmi qui e poi s'accomodi
            alla cassa.

Cliente: Grazie e buongiorno.

ALLA BANCA

il **cambio**	exchange rate
la **carta di credito**	credit card
la **carta d'identità**	identity card
la **cassa**	cashier's counter
il **documento**	identification, document
il **dollaro**	dollar
l'**impiegato**	teller, clerk
il **passaporto**	passport
la **patente**	licence, permit
il **traveller's cheque**	traveller's cheque
accettare	to accept
cambiare	to exchange
prelevare	to withdraw
firmi qui!	sign here!
mi dica	can I help you?

All'albergo

Albergo Firenze

Prezzi

Singola	senza bagno	**70.000**
	con bagno	**90.000**
Doppia	senza bagno	**100.000**
	con bagno	**120.000**
Tripla	senza bagno	**120.000**
	con bagno	**140.000**

Tasse, servizio e prima colazione compresi

Cliente: Buongiorno. Vorrei una camera **doppia**, per favore.

Impiegato: Certo. La vuole con o senza bagno?

Cliente: **Con** bagno, grazie. Quanto viene?

Impiegato: **120.000** lire a notte. Per quanto tempo la vuole?

Cliente: Per **tre notti**. È inclusa la prima colazione?

Impiegato: Sì, certo. Ha un documento?

Cliente: Sì, ho **il passaporto**.

Impiegato: Benissimo. Ecco la chiave. La camera è la numero **327**.
È al **terzo** piano.

Cliente: Grazie.

ALL'ALBERGO

la **camera**	room
singola	single
doppia	double
tripla	triple
il **bagno**	bath
la **chiave**	key
la **notte**	night
il **piano**	floor
incluso	included

Dal medico

A | Buongiorno, dottore.

B | Buongiorno. S'accomodi. | Come si sente?
 Che cosa posso fare per Lei?

A | Ah, dottore, sto molto male. Mi fa male | la testa.
 la gola.
 la schiena.
 la gamba.

B | Mmm, vediamo un po'. | È grave.
 Non è niente.
 Non è grave. | Deve | usare questa pomata.
 solo riposarsi per due giorni.
 prendere delle compresse.
 andare subito in ospedale.

A | Ma dottore, | non posso.
 non voglio. | Domani devo lavorare.
 Non mi piacciono le compresse.
 Non mi piacciono le pomate.

B | Mi dispiace, ma se vuole guarire deve proprio | riposarsi.
 andarci.
 prenderle.
 usarla.

A | Va bene.
 D'accordo. | Faccio come dice Lei.

DAL MEDICO

il **dottore**	doctor
grave	serious
guarire	to get well
mi fa male...	my...hurts
l'**ospedale**	hospital
riposarsi	to rest
sentirsi	to feel
usare	to use, to apply
vediamo un po'	let's see now

Vuole delle compresse?

Tocca a voi uno

Alibi

A burglary was committed last night and you and your partner are prime suspects. Together you need to prepare a detailed account of your movements between 7 p.m. and 10 p.m. last night.

When you have prepared your alibi, one of you waits outside while the other is interrogated thoroughly by the rest of the class. The second person then comes in and is asked the same questions by the class.

If there are any inconsistencies between your two stories, you are both guilty and the class wins. If your stories are identical, you are innocent and you win.

Tocca a voi due

You will be travelling to **Firenze** in a few days and would like to book your hotel room in advance. Phone the information office where your partner, acting as the clerk, should help you find a hotel or **pensione** to suit your needs.

To find a suitable hotel you should check your requirements which are listed below, while your partner refers only to the map of Firenze and the description of hotels on the next page.

Check your answer on page 160.

- camera singola
- con bagno
- con prima colazione inclusa
- costa meno di 100.000 lire al giorno
- accetta la carta di credito
- vicino a Piazza della Signoria
- con TV in camera
- con telefono in camera

	1 letto senza bagno o doccia	1 letto con bagno o doccia	2 letti senza bagno o doccia	2 letti con bagno o doccia	colazione inclusa	carta di credito	ristorante	telefono	televisione	aria condizionata
1 Hotel Duomo — Via dei Cerchi, 12	65	85	110	130	✓	✓		✓		✓
2 Albergo Firenze — Via Pellicceria, 74	70	90	100	120	✓	✓	✓	✓	✓	✓
3 Pensione Bellavista — Lungarno Acciaioli, 87	65	–	90	–	12	✓		✓	✓	✓
4 Pensione Chianti — Via delle Terme, 56	90	110	120	140	12	✓	✓	✓	✓	✓
5 Albergo Toscana — Via Calimala, 37	–	75	–	100	✓	✓	✓	✓	✓	✓
6 Hotel Collodi — Via Condotta, 61	60	75	60	95	10	✓	✓	✓	✓	✓
7 Pensione Vittoria — Via de' Calzaiuoli, 34	75	95	105	125	✓	✓			✓	✓
8 Albergo Santa Maria — Via Vacchereccia, 28	–	–	120	145	15	✓	✓	✓	✓	✓

Simboli

- 1 letto senza bagno o doccia
- 1 letto con bagno o doccia
- 2 letti senza bagno o doccia
- 2 letti con bagno o doccia
- colazione inclusa
- carta di credito
- ristorante
- telefono
- televisione
- aria condizionata

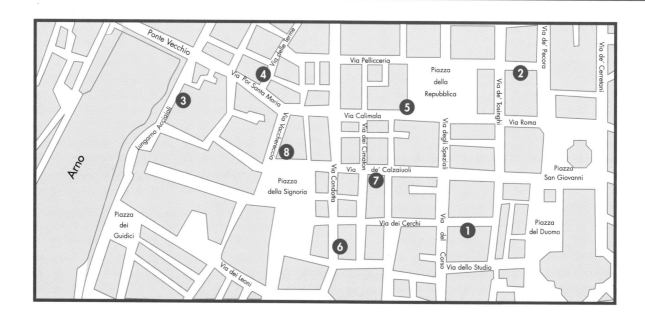

Tiramisù

ingredienti

8 persone

400 g	di biscotti Savoiardi
150 g	di zucchero semolato
500 g	di mascarpone
5	uova
250 mL	di caffè espresso
100 mL	di liquore al caffè
	cacao in polvere

1 Dividete i tuorli dalle chiare d'uova. Aggiungete lo zucchero ai tuorli e sbattete finchè densi e cremosi.

2 Aggiungete il mascarpone e continuate a sbattere. Montate a neve le chiare. Aggiungetele al composto e mescolate bene.

3 Mescolate bene il caffè e il liquore. Bagnate metà dei biscotti nel caffè e disponeteli sul fondo di una terrina da 2 litri.

4 Spargete metà della crema sui biscotti. Bagnate ed aggiungete un'altro strato di biscotti e coprite con il resto della crema. Mettete in frigo per 10–12 ore. Spolverizzate con cacao prima di servire.

Buon appetito!

CUCINIAMO!

aggiungere	to add	**spargere**	to spread	lo **strato**	layer
bagnare	to dip	**spolverizzare**	to sprinkle	la **terrina**	tureen, dish
coprire	to cover			il **tuorlo**	yolk
disporre	to place	il **cacao**	cocoa powder	l'**uovo**	egg
dividere	to separate	**in polvere**		lo **zucchero**	castor sugar
mescolare	to mix	la **chiara**	(egg) white	**semolato**	
montare a neve	to beat until firm	il **composto**	mixture		
sbattere	to beat	la **crema**	cream (mixture)	**cremoso**	creamy
servire	to serve	il **liquore**	liqueur	**denso**	thick

IL RINASCIMENTO

Autoritratto di Leonardo da Vinci

Il carro armato di
Leonardo da Vinci

È difficile trovare oggi, nel mondo, persone che non conoscano il nome di pittori come Michelangelo, Giotto o Raffaello, di uno scienziato come Galileo Galilei, di un poeta e uomo politico come Lorenzo de' Medici detto appunto 'il Magnifico'.

Sono pochi nomi fra quelli dei super-VIP, ma tanti e tanti altri ne rimangono. Sono i rappresentanti di quel grande movimento di rinnovamento spirituale che si chiama Rinascimento. Un movimento che ha inizio in Italia nel quindicesimo secolo e che si diffonde rapidamente in tutta Europa.

Principale caratteristica del Rinascimento è lo studio delle antiche civiltà greca e romana. L'idea è quella di riscoprire e di rileggere con lo spirito del presente i prodotti dell'arte e della cultura antica e di far così 'rinascere', con la grandezza di Roma, la grandezza culturale dell'impero romano. È una cultura che i protagonisti del Rinascimento (artisti, poeti, scrittori, uomini politici, commercianti, banchieri ecc.) cercano e vivono come un atto d'amore.

Lo scienziato di oggi concentra la sua ricerca in un settore specifico; lo scienziato del Rinascimento cerca una conoscenza universale. Spazia da un'area ad un'altra e assorbe tutto quello che può.

Il Rinascimento segna il trionfo dell'uomo universale e dell'individualismo. Ecco perché il massimo rappresentante del Rinascimento è Leonardo da Vinci, il pittore che dipinge *La Gioconda*, lo scultore che scolpisce la statua del Mosè; lo

La Muta, di Raffaello Sanzio, nella Galleria Nazionale nel Palazzo Ducale di Urbino

scienziato che studia il corpo umano e scrive trattati di anatomia, che studia il volo degli uccelli e inventa le prime macchine volanti. È l'ingegnere che progetta città, canali, macchine da guerra. Dipinge la *Vergine delle Rocce*; inventa l'elicottero e il carro armato.

Vergine della Rocce, di Leonardo da Vinci, nel Museo del Louvre di Parigi.

IL NASO DEL DUCA

Quattordici anni in Biblioteca

Fra le città italiane che, dopo Firenze, Venezia e Milano, sono state le più importanti protagoniste del Rinascimento, troviamo in prima linea la città di Urbino.

La città, patria di Raffaello, già famosa per la sua bellezza, raggiunge il massimo dello splendore sotto il duca Federico da Montefeltro (1422–1482).

È Federico, coraggioso soldato e principe illuminato, che dà ordine all'architetto Luciano di Laurana di costruire il Palazzo Ducale, ancora oggi uno dei massimi esempi di architettura rinascimentale.

In questo palazzo il Duca crea la più grande ed importante biblioteca dell'Occidente con un lavoro durato quattordici anni e impiegando quaranta persone per copiare tutti i più famosi libri dell'antichità.

Di Federico esistono vari ritratti fra i quali il più famoso è quello dipinto da Piero della Francesca e conservato a Firenze.

La caratteristica più evidente del ritratto è la

Federico da Montefeltro, di Piero della Francesca, nella Galleria degli Uffizi, Firenze

stranissima forma del naso del Duca. Un naso di notevoli dimensioni e che, all'altezza degli occhi, sembra mancare di un pezzo.

Questo particolare è, secondo alcuni, il risultato di una ferita di guerra. Secondo altri è il risultato di un'operazione chirurgica voluta dal duca stesso perché quella parte del naso gli impediva di vedere bene.

Secondo altri è un difetto che il Duca ha avuto fino dalla nascita e per questo motivo in quasi tutti i ritratti appare di profilo.

Il magnifico Palazzo Ducale di Urbino

FRATELLI D'ITALIA

Conte Camillo Benso di Cavour

Generale Giuseppe Garibaldi

La parola Risorgimento è una delle più conosciute dagli italiani perché indica il periodo storico in cui l'Italia ha conquistato l'unità nazionale.

Questo periodo ha inizio subito dopo la sconfitta di Napoleone Bonaparte a Waterloo ed i Congressi di Vienna del 1815 in cui l'Italia viene divisa ancora in tanti Stati.

Questi Stati, con l'eccezione dello Stato della Chiesa, sono tutti controllati dall'Austria. Alcuni direttamente come il Veneto e la Lombardia (il Regno Lombardo–Veneto), altri indirettamente come il Regno delle Due Sicilie, nel sud, governato dai borbonici.

Gli italiani capiscono molto presto che per eliminare la dominazione austriaca devono trovare un leader nazionale.

Il leader spirituale del Risorgimento lo trovano in Giuseppe Mazzini; il leader politico in Carlo Alberto, il giovane re di Piemonte, e poi in suo figlio Vittorio Emanuele II. Ma vincere contro l'Austria, una delle grandi potenze europee, è molto difficile. Quasi impossibile senza un potente alleato. Il Primo Ministro del governo piemontese, Camillo Benso di Cavour, trova questo alleato nell'imperatore francese Napoleone III.

Nella primavera del 1859 comincia la guerra contro l'Austria che si conclude con la vittoria delle armate francesi e piemontesi.

Un anno dopo, nel maggio del 1860, Giuseppe Garibaldi, al comando di mille volontari, parte da Genova e sbarca in Sicilia.

In poche settimane di combattimenti conquista l'isola, passa lo Stretto di Messina e il 7 settembre entra vittorioso in Napoli conquistando così l'intera Italia meridionale.

Grazie anche a Garibaldi, dunque, il primo Regno d'Italia che nasce ufficialmente nel 1861 copre l'intera Penisola. La sua bandiera è il tricolore italiano: verde, bianco e rosso.

Per completare il nuovo Stato mancano ancora il Veneto e Roma, la città del Papa. Il Veneto viene unito all'Italia nel 1866 mentre Roma diventa capitale del Regno d'Italia nel 1871.

Il Risorgimento ha raggiunto gli obiettivi che voleva? Sì e no.

All'inizio molti italiani hanno voluto un'Italia libera, unita e repubblicana, altri hanno voluto una confederazione di Stati con a capo il Papa o il re di Piemonte.

La nuova Italia è una monarchia con a capo Vittorio Emanuele II e rimane una monarchia fino al 2 giugno 1946 quando gli italiani votano per la repubblica.

Ma anche se l'Italia creata dal Risorgimento non è quella che tutti si aspettavano, l'obiettivo più importante, quello dell'unità, è stato raggiunto.

Vittorio Emanuele II

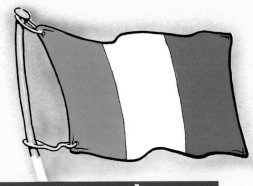

Lo sapevate che...

La bandiera italiana a tre colori, verde, bianco e rosso, deriva dalla bandiera francese che al posto del verde ha il blu.

È diventata ufficialmente la bandiera della Repubblica Cispadana durante il Congresso di Reggio Emilia il 7 gennaio 1797.

Nel 1848 la bandiera tricolore diventa il simbolo dell'unità nazionale quando viene adottata da Carlo Alberto, re di Piemonte, all'inizio della prima guerra di indipendenza.

Oggi il tricolore è la bandiera della Repubblica Italiana.

Pizza patriottica

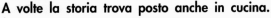

A volte la storia trova posto anche in cucina. È il caso, per esempio, dei famosi spaghetti alla carbonara che non sono, come molti pensano, un'antica ricetta. Sono un'invenzione moderna.

La 'carbonara' infatti è stata inventata a Napoli nel 1946 per i soldati americani che adoravano gli spaghetti ma non riuscivano a fare a meno del loro breakfast tradizionale: uova e pancetta.

Un esempio più antico lo troviamo invece in...pizzeria.

Nel 1879, durante una visita a Napoli, la regina Margherita, moglie del re d'Italia Umberto I, chiede di assaggiare la specialità locale: la pizza.

In suo onore viene cucinata una pizza con i colori della bandiera italiana: verde l'origano, bianco la mozzarella e rosso il pomodoro.

Il successo è immediato. Da allora il nome della regina degli italiani diventa anche quello della...regina delle pizze.

Prima di venire ad Urbania pensavo ad un soggiorno di un mese e mi sembrava molto lungo. Invece il mese è passato anche troppo velocemente. Gli ultimi giorni sono stati un po' tristi ma ho avuto anche una grande e piacevole sorpresa.

Abbiamo ringraziato Consuelo per la sua pazienza e per tutto quello che ha fatto per noi. Abbiamo fatto una piccola festa e Carlo le ha comprato un mazzo di fiori. Carlo è un tipo sentimentale, non lo sapevo questo!

Questo vestito ti sta molto bene. Ho sempre detto che sei del Medioevo.

Grazie, Annamaria, sei molto gentile.

Secondo me sei una vera principessa, Lucia.

Durante quell'ultima settimana, ho recitato in una commedia medievale con un gruppo teatrale locale. Tutti i miei amici sono venuti a vedere lo spettacolo nel cortile del Palazzo Ducale. C'era un'aria da favola.

Venerdì era l'ultimo giorno di scuola, ma invece delle lezioni, il professor Pasotto ci ha consegnato dei certificati. Il suo discorso è stato molto commovente. Ci ha ringraziati tutti per la nostra buona volontà e ci ha detto che per lui noi facevamo ormai parte della famiglia, e ci ha invitati a ritornare presto.

Dopo la cerimonia siamo andati al Palazzo Ducale a fare una fotografia di tutto il gruppo. Eravamo quasi cento studenti. Si scherzava e si rideva, ma si vedeva anche qualche faccia lunga.

5 Bravissima, è stata promossa con lode.
Grazie, professore.

6

O.K. ragazzi, ci siamo? Forza, un bel sorriso!

7

L'ultima sera siamo andati tutti a fare festa in una casa in campagna. È venuto anche Roberto con la sua ragazza, Valeria. Hanno portato da mangiare e da bere.

Ecco ragazzi, ho portato del gelato organico e delle patatine integrali senza sale.

Ci siamo divertiti un mondo quella sera. Abbiamo ballato, cantato, scherzato: specialmente Caterina e Annamaria...erano in gran forma.

Roberto, queste patatine fanno schifo! Perché non hai portato del prosciutto e salame o un bel tiramisù?

E poi è successo. Io e Carlo ci siamo messi a parlare da soli, forse per la prima volta. Ho scoperto che avevamo molto in comune.

Il mio gruppo preferito? Senza dubbio i Beatles. Io dovevo vivere negli anni Sessanta.

Sì, anch'io. Quando ero piccola i miei genitori non suonavano altro che la musica degli anni Sessanta.

Abbiamo parlato fino alle tre del mattino.

Lucia, ti ho sempre voluto conoscere meglio.

Carlo, sai che sei molto simpatico. Hai un sorriso carino.

Lucia, mi devi scrivere. Prometti?

A volte la vita è veramente crudele. Quel giorno stesso, Stefano, Caterina, Annamaria e...Carlo sono partiti in treno. Sono andata alla stazione per salutarli.

Va bene. Dobbiamo tutti tenerci in contatto, d'accordo?

Sì, certo. A presto!

Buon viaggio!

13

E così, ci siamo! Le vacanze sono finite. Domani io e Tim andiamo insieme all'aeroporto di Roma per prendere i nostri voli. Oggi sono piena di nostalgia. Mi dispiace lasciare l'Italia, ma sono sicura di ritornare presto.

DOMANDE

1   Perché Lucia dice che Carlo è un tipo sentimentale?

2   Che cosa ha detto il professor Pasotto agli studenti?

3   Che cosa hanno fatto gli studenti dopo la cerimonia?

4   Erano tutti contenti? Perché?

5   A Tim sono piaciute le patatine di Roberto?

6   Che cosa hanno fatto Carlo e Lucia per la prima volta?

7   Carlo e Lucia hanno molto in comune?

8   Perché Lucia dice che la vita è crudele?

Quattro amici

Cantante: Gino Paoli

Testo di Paola Penzo
Musica di Gino Paoli

Eravamo quattro amici al bar
che volevano cambiare il mondo
destinati a qualche cosa in più
che una donna ed un impiego in banca
si parlava con profondità
di anarchia e di libertà
tra un bicchier di coca ed un caffè
tiravi fuori i tuoi perché
e proponevi i tuoi farò

Eravamo tre amici al bar
uno si è impiegato in una banca
si può fare molto pure in tre
mentre gli altri se ne stanno a casa
si parlava in tutta onestà
di individui e solidarietà
tra un bicchier di vino ed un caffè
tiravi fuori i tuoi perché
e proponevi i tuoi però

Eravamo due amici al bar
uno è andato con la donna al mare
i più forti però siamo noi
qui non serve mica essere in tanti
si parlava con tenacità
di speranze e possibilità
tra un bicchier di whisky ed un caffè
tiravi fuori i tuoi perché
e proponevi i tuoi sarà

Son rimasto io da solo al bar
gli altri sono tutti quanti a casa
e quest'oggi verso le tre
son venuti quattro ragazzini
son seduti lì vicino a me
con davanti due coche e due caffè
li sentivo chiacchierare
han deciso di cambiare
tutto questo mondo che non va

Sono qui con quattro amici al bar
che hanno voglia di cambiare il mondo

Edizioni: SENZA PENSERI srl – via Berchet 2 – 20121 Milano
BLUE TEAM MUSIC srl – via G. Fara 39 – 20124 Milano

Parole nuove

ESPRESSIONI UTILI

che c'è?	what's wrong?, what's up?
colpo di fortuna	stroke of luck
giù di morale	depressed
in piena forma	in great form
non ci credo	I don't believe it
non vedevo l'ora	I couldn't wait
valere la pena	to be worth it

ESPRESSIONI CON AVERE O FARE

avere fretta	to be in a hurry
avere pazienza	to be patient
fare attenzione	to pay attention
fare vedere	to show
farsi male	to hurt oneself

NOMI

l'aperto	open
l'artista	artist
il duca	duke
il fatto	fact
il mal di testa	headache
l'opera	work
il palazzo	palace, mansion
il passato	past
il personaggio	character
il resto	rest
il soggiorno	stay
il sole	sun
il solito	usual
l'uomo	man
il viaggio	trip
la bigiotteria	custom jeweller's shop, gift shop
la cultura	culture
la fila	queue
l'oreficeria	jeweller's shop
la radio	radio
la spiegazione	explanation
la verità	truth
la visita	visit
la vita	life

VERBI

assomigliare	to look like, to resemble
calmarsi	to calm oneself
chiudere	to close
convincere	to convince
credere	to think, to believe
emozionarsi	to become emotional
entrare	to enter
imparare	to learn
litigare	to argue, to fight
mancare	to miss
rappresentare	to represent
ricordare	to remember
rimanere	to stay
sembrare	to seem
sorprendere	to surprise
stare	to stay, to be

AGGETTIVI

caratteristico	characteristic
colpevole	guilty
distratto	distracted
emozionato	emotional
identico	identical
pallido	pale
possibile	possible
simile	similar
storico	historic
strano	strange

ALTRE PAROLE

abbastanza	rather, quite
addirittura	even
durante	during
quasi	almost
senza	without
soltanto	only

1 Imperfetto – imperfect

The *imperfect*, or *past descriptive*, tense is another past tense. It can have several equivalents in English, depending on the context.

	He *used to live* in Urbino.
*Abitava **ad Urbino.***	He *was living* in Urbino.
	He *lived* in Urbino.

The imperfect is used to describe:

1. repeated, habitual or continuous actions
   *Annamaria **guardava** la televisione ogni sera.*
2. the weather, time and age
   *Il sole **splendeva** e non **faceva** troppo caldo.*
3. physical, mental or emotional states
   *Carlo **era** giù di morale perché **si sentiva** colpevole.*
4. an action that was in progress when something else happened
   *Mentre **parlavamo**, ha telefonato Tim.*

The imperfect is formed by taking away the **-are**, **-ere** or **-ire** from the infinitive of regular verbs, and adding the appropriate ending as shown in the tables below.

parl**are**	scriv**ere**	apr**ire**
parl**avo**	scriv**evo**	apr**ivo**
parl**avi**	scriv**evi**	apr**ivi**
parl**ava**	scriv**eva**	apr**iva**
parl**avamo**	scriv**evamo**	apr**ivamo**
parl**avate**	scriv**evate**	apr**ivate**
parl**avano**	scriv**evano**	apr**ivano**

Avere, andare, venire, dovere, potere, volere and **sapere**, which are irregular in the present tense, are regular in the imperfect tense, and also follow one of the above tables.

Lucia: Quando abitavo con i Pierini, cucinavo anch'io.

2 Irregular verbs in the imperfect

Here are some of the more common irregular verbs in the imperfect.

essere	fare	bere	dire
ero	facevo	bevevo	dicevo
eri	facevi	bevevi	dicevi
era	faceva	beveva	diceva
eravamo	facevamo	bevevamo	dicevamo
eravate	facevate	bevevate	dicevate
erano	facevano	bevevano	dicevano

3 Perfect versus imperfect

Although the perfect and the imperfect are both past tenses, they are used in different situations and are *not* interchangeable. Study the examples below.

completed action	perfect
Ho studiato. *Siamo andati a Firenze.*	
series of completed actions	**perfect**
Mi sono lavato, ho mangiato e sono andato a scuola.	
state of being or continuous action	**imperfect**
Il tempo era perfetto. *Giocavo a calcio.*	
parallel continuous actions	**imperfect**
Il sole splendeva e non faceva caldo. *Mentre studiavo, ascoltavo la radio.*	
repeated or habitual action	**imperfect**
Ogni sera guardavo la TV. *Andavamo al cinema una volta al mese.*	
continuous action + completed action	**imperfect + perfect**
Mentre cucinavo, ha telefonato Lisa. *Ero in casa quando è arrivato Sandro.*	

4 Imperativo (*tu, noi, voi*) – imperative

The imperative is used for commands, advice or appeals.

Apart from the **tu** form of **-are** verbs which ends in **-a**, the **tu**, **noi** and **voi** forms of the imperative are the same as the corresponding forms of the present tense, as shown in the table below.

Imperative		
	parl**are**	scri**vere**
(tu)	parl**a**	scriv**i**
(noi)	parl**iamo**	scriv**iamo**
(voi)	parl**ate**	scriv**ete**
	apr**ire**	fin**ire**
(tu)	apr**i**	fin**isci**
(noi)	apr**iamo**	fin**iamo**
(voi)	apr**ite**	fin**ite**

The **noi** form of the imperative corresponds to the English 'let's…!'
Andiamo! Let's go!

The **tu** form of the negative imperative is formed by placing **non** before the infinitive. For **noi** and **voi** you place **non** before the appropriate form of the verb, as in the table below.

Negative imperative		
	parl**are**	scri**vere**
(tu)	non parl**are**	non scri**vere**
(noi)	non parl**iamo**	non scriv**iamo**
(voi)	non parl**ate**	non scriv**ete**
	apr**ire**	fin**ire**
(tu)	non apr**ire**	non fin**ire**
(noi)	non apr**iamo**	non fin**iamo**
(voi)	non apr**ite**	non fin**ite**

Subject pronouns are rarely used with the imperative.

5 Reflexive verbs in the imperative

When reflexive verbs are used in the imperative, the reflexive pronoun is attached to the end of the verb.

	lav**arsi**	rad**ersi**	divert**irsi**
(tu)	lav**ati**	rad**iti**	divert**iti**
(noi)	lav**iamoci**	rad**iamoci**	divert**iamoci**
(voi)	lav**atevi**	rad**etevi**	divert**itevi**

In the negative imperative, the reflexive pronoun is generally attached to the end of the verb, although it can also come between **non** and the verb. When the pronoun is attached to the end of the **tu** form, the verb loses the final **-e** before **ti**.

*Non **arrabbiarti**.*   *Non **ti arrabbiare**.*
*Non **preoccupatevi**.*   *Non **vi preoccupate**.*

6 Irregular imperatives

	essere	avere
(tu)	s**ii**	abb**i**
(noi)	s**iamo**	abb**iamo**
(voi)	s**iate**	abb**iate**

Andare, **fare**, **stare** and **dare** have an irregular **tu** form as well as a regular one. **Dire** has only an irregular **tu** form.

andare ➤ vai, va'
dare ➤ dai, da'
fare ➤ fai, fa'
stare ➤ stai, sta'
dire ➤ di'

7 Irregular nouns

singular	plural
la mano ➤	**le mani**
il braccio ➤	**le braccia**
il dito ➤	**le dita**
il labbro ➤	**le labbra**
l'orecchio ➤	**gli orecchi, le orecchie**
il ginocchio ➤	**i ginocchi, le ginocchia**
l'uomo ➤	**gli uomini**
l'uovo ➤	**le uova**

Oggi dove sono?

Carlo e Lucia sono sposati! Hanno due gemelle di diciotto mesi che si chiamano Alba e Donatella. Carlo è uno scrittore. Ha pubblicato il suo primo libro *Un mese nelle Marche* che ha avuto successo. Adesso è a casa con le bambine mentre lavora al suo secondo libro.

Lucia fa il medico. Lavora quattro giorni alla settimana in un grande ospedale. Carlo e Lucia abitano a Londra e passano le vacanze in Italia. Vanno spesso anche in Australia a visitare la famiglia di Lucia. Litigano ancora qualche volta, ma sono molto felici.

Annamaria è un'attrice. Preferisce le parti comiche. Abita ad Amsterdam ma va spesso a Londra e a New York. Di recente è apparsa in un episodio di *Seinfeld*. Quando è a Londra va a stare con Carlo e Lucia. È la madrina di Donatella.

Caterina risiede in Italia. Fa lo psicologo a Milano. Ha in cura adolescenti che soffrono di timidezza e d'insicurezza. Le piace molto viaggiare e anche lei visita spesso Carlo e Lucia. Lei è la madrina di Alba, l'altra gemella.

Tim è diventato chef. Lavora in un rinomato ristorante di Los Angeles. La sua specialità è la cucina italiana.

Cecilia fa la guida per una grossa agenzia turistica multinazionale. Viaggia di continuo in tutte le parti del mondo. Dicono che ha un ragazzo ma non siamo sicuri.

Gianna è interprete e traduttrice. Lavora a Bruxelles per la Comunità Europea. Si è sposata tre mesi fa con Marcello, un ragazzo italiano molto simpatico.

Stefano è ingegnere metallurgico. Al momento lavora in una miniera in Sud America. È fidanzato con una ragazza americana.

Roberto Ferri lavora ancora al Centro Studi Italiani. È molto attivo nel Partito dei Verdi. Vuole presentarsi candidato alle prossime elezioni.

Sono tutti ancora in contatto. L'anno prossimo, a giugno, hanno intenzione d'incontrarsi in Italia e trascorrere una settimana insieme.

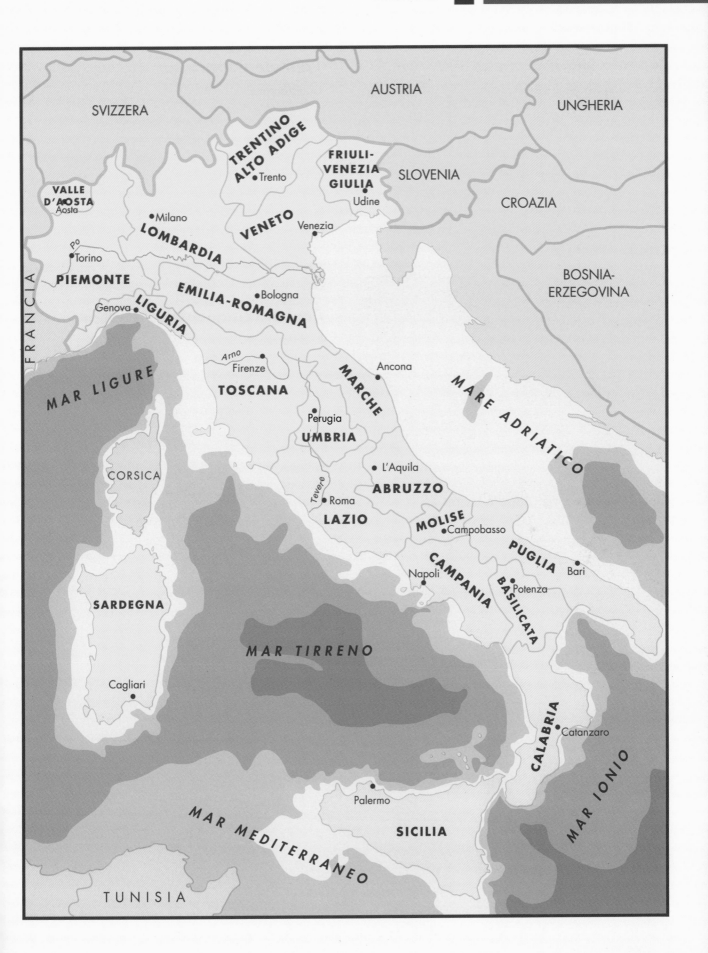

Capitolo uno *pag. 5, pag. 10*

I nomi completi degli otto studenti:

Aldo Filippi
Luisa Conti
Michele Rocca
Dora Paoli
Franco Montale
Maria Armani
Domenico Seduna
Adele Bosco

Capitolo due *pag. 22, pag. 26*

Le differenze:

	Al Bar. Il mattino	Al Bar. Il pomeriggio
1	c'è *un* cameriere	c'è *una* cameriera
2	5 studenti	4 studenti
3	*non* c'è Maria	Maria c'è
4	c'è Adele	Adele *non* c'è
5	c'è Dora	Dora *non* c'è
6	17 aranciate	11 aranciate
7	13 focacce	11 focacce
8	3 birre	2 birre
9	16 panini	15 panini
10	Luisa prende una pasta	Luisa prende due paste
11	c'è un tè	*non* c'è un tè

Capitolo tre *pag. 38–39, pag. 45*

Le differenze:

	Urbania: Piantina nuova	Urbania: Piantina 1985
1	il mercato è in Via Sant'Antonio	il mercato è in Piazza San Cristoforo
2	la farmacia è in Via Gigli 23	la farmacia è in Via Piccini 63
3	l'ufficio postale è in Piazza della Libertà	l'ufficio postale è in Via Betto dei Medici 33
4	il generi alimentari è in Via Garibaldi 92	il generi alimentari è in Via Garibaldi 29
5	l'agenzia viaggi è in centro	l'agenzia viaggi *non* è in centro
6	il supermercato è in centro	il supermercato *non* è in centro
7	il bar *non* è in centro	il bar è in centro
8	il ristorante *non* è in centro	il ristorante è in centro
9	la banca *non* è in centro	la banca è in centro

Capitolo quattro *pag. 60, pag. 63*

Le differenze:

	Il mercato	Il supermercato
1	ha cipolle	*non* ha cipolle
2	ha limoni	*non* ha limoni
3	ha melanzane	*non* ha melanzane
4	ha zucchine	*non* ha zucchine
5	*non* ha broccoli	ha broccoli
6	*non* ha carote	ha carote
7	*non* ha banane	ha banane
8	le arance costano L.2.000 kg	le arance costano L.1.500 kg
9	le fragole costano L.8.000 kg	le fragole costano L.9.000 kg
10	i funghi costano L.12.000 kg	i funghi costano L.11.000 kg
11	l'uva costa L.3.000 kg	l'uva costa L.3.500 kg

Capitolo cinque *pag. 74–75, pag. 79*

Le differenze:

	La giornata di Marco	La domenica di Marco
1	si fa la barba	*non* si fa la barba
2	si lava	*non* si lava
3	va al lavoro	*non* va al lavoro
4	guarda la televisione	*non* guarda la televisione
5	*non* legge il giornale	legge il giornale
6	*non* va al mercato	va al mercato
7	*non* va al cinema	va al cinema
8	si alza alle 7.10	si alza alle 7.30
9	si veste alle 7.30	si veste alle 7.50
10	ritorna a casa alle 18.00	ritorna a casa alle 21.30

Capitolo sette *pag. 121–122*

Soluzione:

Concerto Rock – Edoardo Bennato

Capitolo otto *pag. 143–144*

Soluzione:

Pensione Vittoria

VOCABOLARIO italiano/inglese

A

a   to, at
   a buon mercato   cheaply
   a disposizione
      at one's disposal
   a proposito   by the way
   a tavola   at the table
   a tu per tu   face to face
abbandonare   to abandon
abbastanza
   enough, relatively,
      rather, quite
l'**abbigliamento**   clothing
l'**abbraccio**   hug
   un caro abbraccio   a big hug
l'**abitante** (*m.*)   inhabitant
abitare   to live
l'**abito**
   article of clothing, suit, dress
      l'**abito da sera**
         evening wear
accanto   near, next to
accarezzare   to caress
l'**accento**   accent
   l'**accento giusto**
      the correct accent
accessibile   accessible
accettare   to accept
accidenti!   damn!
accomodarsi
      to make oneself comfortable
   s'**accomodi** (*for.*)
      make yourself comfortable
   accomodatevi
      make yourselves comfortable
l'**accordo**   agreement
   d'accordo   O.K., all right
   essere d'accordo   to agree
l'**aceto**   vinegar
l'**acqua**   water
   l'**acqua minerale**
      mineral water
ad   to, at (*before a vowel*)
addio   goodbye
addirittura   even

addormentarsi   to fall asleep
adesso   now
l'**adolescente**   adolescent
adorare   to adore
adottare   to adopt
adriatico   Adriatic
l'**aereo**   plane
l'**aeroporto**   airport
affatto   at all
affermare   to affirm
affittare   to rent
affollare   to crowd
l'**agenzia viaggi**
      travel agency
l'**aggettivo**   adjective
aggiungere   to add
aggressivo   aggressive
l'**aglio**   garlic
agosto   August
agriturismo   hobby farming
l'**agriturista**   hobby farmer
l'**aiuola**   flowerbed
aiutare   to help
   l'**aiuto**   help
al dente   al dente, firm
l'**alba**   dawn
l'**albergo**   hotel
      alberghiero   hotel (*adj.*)
l'**albero**   tree
alcuni   some
l'**alibi**   alibi
l'**alleato**   ally
alleviare   to alleviate
alloggiare   to house
allora   then, well then, so
l'**alluminio**   aluminium
almeno   at least
le **Alpi**   Alps
l'**altezza**   height
alto   tall
altro   other
   un altro   another
   vuole altro?
      would you like something else?
alzarsi   to get up
amare   to love
   amare il prossimo
      to love one's neighbour
l'**ambiente**   environment
americano   American
l'**amica**   friend (*female*)
l'**amico**   friend (*male*)
ammirare   to admire
l'**amore**   love
l'**anarchia**   anarchy

l'**anatomia**   anatomy
anche   also, too
   anch'io   me too, I also
andare   to go
   vada!   go! (*for.*)
   andare d'accordo
      to get on well
   solo andata   one-way
   andata e ritorno   return
l'**anello**   ring
l'**animale** (*m.*)   animal
l'**anno**   year
   quanti anni hai?
      how old are you?
   ho...anni   I'm...years old
l'**antiacido**   antacid
l'**antichità**   antiquity
antico   ancient
   l'**Antico Testamento**
      Old Testament
l'**antipasto**   appetiser
antipatico
      disagreeable, annoying
aperto   open
   l'**aperto**   the open
apparire   to appear
l'**appassionato**
      enthusiast, lover
appena   just
gli **Appennini**   Apennines
l'**appetito**   appetite
   buon appetito!
      enjoy your meal!
applicare   to apply
apposta   specially
apprezzare
      to appreciate, to value
l'**appuntamento**   appointment
aprile   April
aprire   to open
aprirsi   to open
l'**apriscatole** (*m.*)   can opener
l'**arancia**   orange
l'**aranciata**   orange drink
arancione   orange (*colour*)
l'**architetto**   architect
l'**architettura**   architecture
l'**area**   area
l'**arena**   arena
l'**aria**   air
   l'**aria condizionata**
      air conditioning
   all'**aria aperta**
      in the open air
l'**armadio**   cupboard

l'**armata**   army
l'**armonia**   harmony
aromatico   aromatic
arrabbiarsi   to get angry
arrabbiato   angry
arrivare   to arrive, to get to
   come si arriva a...?
      how does one get to...?
arrivederci
      see you later, goodbye
   arrivederci a presto
      see you soon
arrosto   roast
l'**arte** (*f.*)   art
l'**articolo**   article, item, object
l'**artiglio**   claw, talon
l'**artista**   artist
artistico   artistic
ascoltare   to listen (to)
asiatico   Asian
aspettare   to wait (for)
aspettarsi   to expect
assaggiare   to taste
assolutamente   absolutely
assomigliare
      to look like, to resemble
assomigliarsi   to look alike
assorbire   to absorb
assurdo   absurd
attentamente   attentively
attento!   look out! beware!
attenzione!   attention!
   fare attenzione
      to pay attention
attirare   to attract
l'**attività**   activity
l'**atto**   act
attorno   around
attraversare   to cross
l'**attrazione**   attraction
l'**attrice**   actor (*female*)
   l'**attrice comica**
      comedian (*female*)
auguri   congratulations
   tanti auguri a te!
      happy birthday to you!
aumentare   to increase
   in aumento   on the increase
Australia   Australia
australiano   Australian
austriaco   Austrian
l'**autobus** (*m.*)   bus
l'**automobilismo**   motor racing
automobilistico   motor (*adj.*)
l'**autoradio**   car radio

l'**avanguardia** forefront

avanti straight ahead

  avanti! come in!; come on!

avanzato advanced

avere to have

  avere fame to be hungry

  avere sete to be thirsty

  avere bisogno di
    to need

  avere fretta
    to be in a hurry

  avere la testa dura
    to be stubborn

  avere pazienza
    to be patient

  avere ragione to be right

avorio ivory

l'**avventura** adventure

l'**avvocato** lawyer

azione action

azzurro blue

B

Babbo Natale Father Christmas

il **bacio** kiss

  baci ed abbracci
    kisses and hugs (*letter*)

bagnare
    to flow through; to dip (*recipe*)

il **bagno** bath

ballare to dance

la **bambina** young girl

il **bambino** young boy, child

la **banana** banana

la **banca** bank

la **bancarella** stall

il **banchiere** banker

la **bandiera** flag

il **bar** bar, café

la **barba** beard

  farsi la barba to shave

barbarico barbaric

la **barca** boat

barocco Baroque

basso short

basta! enough!

beh... well...

beige beige

belga Belgian

la **bellezza** beauty

bello beautiful, handsome

  che cosa fai di bello?
    are you doing anything
      interesting?

bene well

  sto bene I'm well

  sto molto bene I'm very well

  fare bene
    to benefit, to do good

benvenuto welcome

bere to drink

la **bestia** beast

la **bevanda** drink

bianco white

la **biblioteca** library

il **bicchiere** glass

la **bicicletta** bicycle

la **bigiotteria**
    custom jeweller's shop,
      gift shop

il **biglietto** ticket

il **binario** platform

biondo blond, fair

la **birra** beer

la **biscia** grass snake

il **biscotto** biscuit

bisogna it is necessary

  avere bisogno di to need

la **bistecca** steak

blah! yuk!

blu (dark) blue

la **bocca** mouth

le **bocce** bocce, bowls

borbone Bourbon

bordeaux bordeaux, wine-red

botta e risposta
    quick exchange, quick repartee

la **bottiglia** bottle

la **boutique** boutique

il **braccio** arm

bravo good, good on you!

il **breakfast** breakfast

il **brivido** thrill, shiver

i **broccoli** broccoli

bruno dark

brutto ugly, bad

buono good

  buon weekend!
    have a good weekend!

buonasera
    good evening, good afternoon

buongiorno good morning

il **business** business

la **busta** bag

buttare to throw (away)

C

il **cacao in polvere**
    cocoa powder

cadere to fall

il **caffè** coffee

  il **caffellatte**
    caffellatte, coffee with milk

il **calamaro** squid, calamari

il **calcio** soccer, football

il **caldo** heat

fa caldo it's hot

il **calendario** calendar

la **calle** narrow Venetian street

calmarsi to calm oneself

calmo calm

la **calza** sock, stocking

cambiare to change;
    to exchange (*money*)

il **cambio** exchange (rate)

la **camera** room

la **cameriera** waitress

il **cameriere** waiter

la **camicetta** blouse

la **camicia** shirt

la **camomilla** camomile (tea)

il **cammello** camel

camminare to walk

la **campagna** country(side)

il **campanile** bell tower

campare to live, to get by

il **campeggio** camping, campsite

il **campo** field, pitch

canadese Canadian

il **canale** channel

il **canarino** canary

il **candidato** candidate

il **cantante** singer

cantare to sing

la **canzone** song

il **capanno** hut, shack

i **capelli** hair

capire to understand

  ho capito I've understood

la **capitale** capital

capitare to happen

il **capitolo** chapter

il **capo** head

  il **capo d'anno**
    New Year's Day

la **cappella** chapel

il **cappotto** coat

il **cappuccino** cappuccino

il **cappuccio** hood

la **capra** goat

la **caramella** lolly, cough lolly

caratteristico characteristic

il **carbone** coal

il **cardigan** cardigan

la **carne** meat

il **carnevale** carnival

caro dear, expensive

  Caro/a Dear (*letter*)

  Carissimo/a Dearest (*letter*)

carino cute

la **carota** carrot

la **carriera** career

il **carro armato** tank

la **carrozzeria** body (of car)

la **carta** paper, map

  la **carta di credito**
    credit card

  la **carta d'identità**
    identity card

le **carte** (playing) cards

la **cartoleria** stationery shop

il **cartone** cardboard

il **caso** case

la **cassa**
    cashier's counter; chest, trunk

la **cassata** cassata (*ice cream*)

la **cassetta** cassette

il **cassetto** drawer

la **castagna** chestnut

casual casual

la **cattedrale** cathedral

cattivo bad

il **cavallo** horse

la **caviglia** ankle

cedere to give in

celeste light blue

la **cena** dinner

cento (one) hundred

centrale central

il **centro** centre

  il **centro storico**
    historic centre

la **ceramica** ceramics

cercare to look for

il **certificato** certificate

certo certain, of course

cessare to stop

che that, which

  non c'è di che
    don't mention it

  che c'è?
    what's wrong?, what's up?

  che cosa? what?

  che cos'hai?
    what's the matter?

  che cosa fai?
    what are you doing?

lo **chef** chef

chi? who?

chiacchierare to chat

chiamare to call

  Lei come si chiama?
    what's your name? (*for.*)

  come ti chiami?
    what's your name? (*inf.*)

  mi chiamo... my name is...

  si chiama... his/her name is...

la **chiara** (egg) white

VOCABOLARIO italiano/inglese

chiaro light
la chiave key
chiedere to ask
la chiesa church
il chilo kilogram
  mezzo chilo half a kilo
il chilometro kilometre
  quanti chilometri ci sono…?
    how many kilometres are
      there…?
  ci sono…chilometri
    there are…kilometres
chimico chemical
la chioma head of hair
chirurgico surgical
la chitarra guitar
chiudere to close
chiudersi to close
la chiusura closure
ci there; to/for us; us; ourselves
  ci siamo
    we've made it, we're here
  c'è… …is here, is…here?
  ci sono there are
ciao! hi!, bye!
il ciclismo cycling
il cielo sky
la cifra figure
la cima top
il cimitero cemetery
il cinema cinema
cingere to put on
cinquanta fifty
cinque five
il cioccolatino chocolate
cioè that is, in other words
la cipolla onion
circa about, approximately
cispadana cispadane
la città city, town
  la città d'arte city of art
la civiltà civilization
la classe class
  prima classe first class
  seconda classe second class
classico classical
il cliente client
la Coca(-Cola) Coke, Coca-Cola
la cognata sister-in-law
il cognato brother-in-law
il cognome surname
la colazione breakfast
  la prima colazione
    breakfast
la collina hill

il collo neck
  il collo a vu V-neck
la colonna sonora soundtrack
colorato colourful, coloured
il colore colour
il colosso great man, genius
colpevole guilty
colpire to hit
il colpo di fortuna
  stroke of luck
il coltello knife
coltivare to cultivate
il comando command
il combattimento battle
come as, like; how
  come sta? how are you? (for.)
  come stai? how are you? (inf.)
  come va? how are things?
  come faccio?
    what am I going to do?
comico comical
cominciare to begin
la commedia play, comedy
il commerciante merchant, trader
il commesso (-a) shop assistant
commovente touching, moving
i compiti homework
  fare i compiti
    to do one's homework
il compleanno birthday
  buon compleanno!
    happy birthday!
completare to complete
il completo suit, outfit
il composto mixture
comprare to buy
compreso included
la compressa tablet
comune common
la comunità community
la Comunità Europea
  European Community (EC)
comunque however
con with
concentrare to concentrate
il concerto concert
concludersi to conclude
la conclusione conclusion
il concorso contest
il condominio apartment building
la confederazione confederation
il congresso congress
il coniglio rabbit
la conoscenza knowledge
conoscere
  to know (a person, place)

conquistare to achieve,
  to conquer
consegnare to hand out, to give
conservare to keep
il consiglio advice
il contadino farmer
contaminato contaminated
contare to count
il contatto contact, touch
contenere to contain
il contenitore container, bin
contento happy
il contingente contingent, force
continuare to continue
continuo continuous
  di continuo continuously
il conto bill
il contorno side dish
contrastare to contrast
contro against
controllare to control
convincere to convince
la coorte cohort, battalion
il coperto cover charge
copiare to copy
la coppa bowl, cup
  la Coppa del Mondo
    World Cup
la coppia couple
coprire to cover
coraggioso courageous
corallo coral
la corona
  krona (Sweden),
  krone (Denmark, Norway)
il corpo body
la corsa race
il corso avenue
la corsia lane
il cortile courtyard
corto short
la cosa thing
cosa? what?
  cosa ci posso fare?
    what can I do about it?
così so, like this, like that
  così così so-so
la costa coast
costare to cost
costruire to build
la costruzione construction
il costume costume
la cotoletta cutlet
creare to create
la creatività creativity
la creazione creation

credere to think, to believe
  non ci credo I don't believe it
la crema cream, mixture
  la crema da barba
    shaving cream
cremoso creamy
crepare to die, to drop dead
crescere to grow
Cristo Christ
il crocifisso crucifix
crudele cruel
il cucchiaino teaspoon
il cucchiaio spoon
la cucina cookery, kitchen
cucinare to cook
la cugina cousin (female)
il cugino cousin (male)
cui which, whom
la cultura culture
culturale cultural
il cuoco (-a) cook
il cuore heart
la cura cure
  avere in cura to treat
curare to look after

D

da from; to, at (someone's place)
dai! come on!
danese Danish
dare to give
  dare da mangiare to feed
darsi del tu to use the tu form
davanti a in front of
davvero? really?
il debutto debut
decidere to decide
decine tens
decisamente decidedly
la definizione definition
delicato delicate
delizioso delicious
denso thick
il dente tooth
dentro inside, in
derivare to derive
deserto deserted
desidera? can I help you?
desiderare to desire, to want
destinato destined
desto awake
destra right
  a destra to the right
  sulla destra on your right

detto known as
di of
 di chi è...? whose is...?
 di nuovo again
dia! give! (for.)
 mi dia... could I have...?
diamoci del tu!
 let's use the **tu** form!
il diario diary
dica
 mi dica can I help you?
dicembre December
la dieta diet
 essere a dieta to be on a diet
dietro behind
il difetto defect, flaw
difficile difficult
diffondersi to spread
la dimensione size, dimension
dimenticare to forget
Dio God
dipendente dependent
dipingere to paint
dire to say, to tell
 dire sul serio to be serious
direttamente directly
diretto direct
il direttore director, principal
disabitato uninhabited
il disco record
il discorso speech
dispiacere to be sorry
 mi dispiace I'm sorry
disporre to place
distratto distracted
disturbare to intrude, to disturb
il dito finger
diventare to become
diverso different
divertente entertaining
il divertimento enjoyment
divertirsi to enjoy oneself
 ci divertiamo un mondo!
 we'll have a great time!
dividere to divide, to separate
la doccia shower
 farsi la doccia
 to have a shower
il documento
 identification, document
dolce sweet
il dolce dessert, sweet

dolcevita polo-neck
il dollaro dollar
la domanda question
domandare to ask
domani tomorrow
domenica Sunday
dominare to dominate
la dominazione domination
la donna woman
dopo after
 Dopo Cristo A.D., After Christ
doppio double
dormire to sleep
il dottore doctor
dove where
 dov'è...? where is...?
 Lei di dov'è?
 where are you from? (for.)
 di dove sei?
 where are you from? (inf.)
dovere to have to
la dracma drachma
drammatico dramatic, drama
il dubbio doubt
 senza dubbio without doubt
il duca duke
due two
dunque then, well then
il Duomo cathedral, duomo
durante during
durare to last
duro hard

E

e and
ebbene well then
eccetto except
l'eccezione exception
eccezionale exceptional
ecco here is, here are
 ecco a Lei here you are
 eccola
 here she/it is, there she/it is
 eccole here/there they are (f.)
 eccoli here/there they are (m.)
 eccolo
 here he/it is, there he/it is
l'ecologia ecology
ecologico ecological
ed and (before a vowel)
l'edicola news stand
l'edificio building

l'educazione education
egoista selfish
elegante elegant
l'elettricista electrician
elettrico electric
l'elezione election
l'elicottero helicopter
eliminare to eliminate
l'elmo helmet
emozionarsi to become emotional
emozionato emotional
l'energia energy
entrare to enter, to go in
l'Epifania Epiphany
l'episodio episode
l'epoca era
l'era era
l'erba herb, grass
l'eroe hero
esagerare to exaggerate
esattamente exactly
esatto that's right, exactly
l'escudo escudo
l'esempio example
 per esempio for example
l'esercizio exercise
esigente demanding
esistere to exist
l'esodo exodus
l'espressione expression
 espressioni utili
 useful expressions
espresso express
l'espresso espresso coffee
essere to be
est east
l'estate (f.) summer
estero foreign
estivo summer
l'estro flair
l'età age
l'etto hundred grams
 un etto one hundred grams
europeo European
evidente evident
l'export export

F

fa ago
la fabbrica factory
la faccia face
facile easy

facilmente easily
il fagiolo bean
la fama fame
la fame hunger
 avere fame to be hungry
la famiglia family
famoso famous
la fantascienza science fiction
la fantasia pattern, fantasy
fare to do, to make
 non ce la faccio più!
 I can't go on any more!
la farmacia pharmacy
farò I'm going to do, I will do
il fascino fascination, appeal
il fatto fact
 in fatto di as regards
la fattoria farm
la favola fairy tale, dream
per favore please
favorevole favourable
febbraio February
felice happy
femminile feminine
la ferita wound
fermarsi to stop
ai ferri grilled
il fertilizzante fertiliser
la festa party, feast
 fare una festa
 to have a party
festeggiare to celebrate
FIAT 127 FIAT 127 (type of car)
il fidanzato fiancée
fiero proud
la figlia daughter
il figlio son
figura
 fare bella figura
 to make a good impression
la fila queue
il film film
fin da piccolo from childhood
finalmente finally
finché until
la fine end
la finestra window
finire to finish
finlandese Finnish
fino from, since
 fino a until, as far as
il fiore flower
il fiorino florin

VOCABOLARIO italiano/inglese

Firenze   Florence
la **firma**   brand name
firmi qui!   sign here!
il **fiume**   river
il **flauto**   flute
la **focaccia**   focaccia
la **foglia**   leaf
la **follia**   craziness, madness
il **fondo**   bottom
la **fontana**   fountain
la **fonte**   source
la **forchetta**   fork
la **forma**   form
   in piena forma   in great form
   essere in gran forma
      to be in great form
il **formaggio**   cheese
Formula Uno   Formula One
forse   perhaps, maybe
forte   strong, great
fortunatamente   fortunately
fortunato   lucky
la **foto**   photo
la **fotografia**   photograph
fra   amongst, in
la **fragola**   strawberry
Francia   France
   francese   French
il **franco**   franc
la **frasca**   branch, twig
il **fratello**   brother
fregarsi   to not care less
   che ti frega?
      why should you care?
frequentare   to frequent
la **fretta**   hurry
   avere fretta   to be in a hurry
il **frigo**   fridge
fritto   fried
la **fronte**   forehead
la **frontiera**   boundary
la **frutta**   fruit
   i frutti di mare   seafood
il **fruttivendolo**   greengrocer
il **fungo**   mushroom
fuori   outside
i **fuseaux**   leggings
il **futuro**   future

G

la **galleria**   gallery
   la galleria d'arte   art gallery
la **gamba**   leg
   in gamba   on the ball

garantire   to guarantee
il **gatto**   cat
la **gelateria**   ice-cream shop
il **gelato**   ice cream
il **gemello**   twin
la **generazione**   generation
il **genere**   type
   in genere   in general
   il genere alimentare   foodstuff
   il generi alimentari
      grocery store
generoso   generous
i **genitori**   parents
gennaio   January
la **gente**   people
gentile   kind
gentilmente   gently
genuino   genuine, natural
Germania   Germany
gessato   pin-striped
Gesù Bambino   Baby Jesus
gettare   to throw
già   already
la **giacca**   jacket
giallo   yellow
giapponese   Japanese
gigantesco   gigantic
il **giglio**   lily
il **gilet**   vest
la **ginnastica**   gymnastics
il **ginocchio**   knee
giocare (a)   to play
il **gioco**   game
il **giornale**   newspaper
la **giornata**   day
il **giorno**   day
la **giostra**   tournament
giovane   young
il **giovane**   young person
giovedì   Thursday
girare
      to travel, to go around; to turn
   giri!   turn! (for.)
il **giro**   trip
   fare un giro   to go for a ride
   il Giro d'Italia   Tour of Italy
girocollo   round-necked
la **gita**   trip, excursion
giù   down
   giù di morale   depressed
il **giubbotto**   jacket
giugno   June
Giulio Cesare   Julius Caesar
giusto   right, correct

gli   the; to/for him; to/for them
gli **gnocchi**   gnocchi
il **goal**   goal
la **goccia**   drop
godere   to enjoy
   godetevi!   enjoy!
la **gola**   throat
il **golf**   golf
il **gomito**   elbow
la **gomma**   eraser
la **gondola**   gondola
la **gonna**   skirt
gotico   Gothic
governare   to govern
il **governo**   government
gradi   degrees
la **grammatica**   grammar
il **grammo**   gram
   un grammo   one gram
   cento grammi
      one hundred grams
Gran Bretagna   Great Britain
granata   burgundy
grande   big
la **grandezza**   greatness
i **grandi**   grown-ups
grave   serious
grazie   thank you
   grazie, altrettanto
      thank you, same to you
greco   Greek
gridare   to shout, to scream
grigio   grey
grosso   great, large, fat
il **gruppo**   group, band
la **guancia**   cheek
il **guanto**   glove
guardare   to watch, to look at
   guarda!   look! (inf.)
guarire   to get well
la **guerra**   war
la **guida**   guide, guidebook

H

l'**hobby**   hobby
l'**hotel**   hotel

I

i   the
Iddio   God
l'**idea**   idea
identico   identical
l'**idiota**   idiot

l'**idraulico**   plumber
igienico   hygienic
ignorare   to ignore
il   the
illuminato   enlightened
l'**imbecille**   imbecile, idiot
immaginare   to imagine
l'**immaginazione** (f.)   imagination
immediato   immediate
imparare   to learn
   impariamo ad imparare!
      let's learn how to learn!
impedire   to prevent
l'**imperatore**   emperor
l'**impero**   empire
impiegare   to employ
impiegarsi   to get a job
l'**impiegato**   teller, clerk
l'**impiego**   job
l'**importanza**   importance
impossibile   impossible
l'**impressione**   impression
l'**improvviso**   unexpected
in   in
incidere   to record
includere   to include
incluso   included
incontrare   to meet
incontrarsi   to meet
   c'incontriamo   we'll meet
incorreggibile   incorrigible
indicare   to indicate
l'**indice** (m.)   index
l'**indipendenza**   independence
indirettamente   indirectly
l'**indirizzo**   address
l'**individualismo**   individualism
l'**individuo**   individual
l'**industria**   industry
industriale   industrial
l'**infanzia**   infancy
infatti   in fact
l'**infermiere (-a)**   nurse
l'**ingegnere**   engineer
Inghilterra   England
inglese   English
l'**ingresso**   entrance
l'**iniziativa**   initiative
l'**inizio**   beginning
l'**inquinamento**   pollution
l'**insalata**   salad
l'**insegnante** (m. or f.)   teacher
insegnare   to teach
inseguire   to chase

l'**insicurezza** insecurity
insieme together
insistere to insist
l'**insuccesso** failure
integrale wholemeal
intelligente intelligent
l'**intenzione** intention
interessante interesting
interessare to interest
interessarsi
    to be interested in,
      to look after
intermedio intermediate
l'**intero** entire, whole
l'**interprete** interpreter
interrogare
    to test orally, to interrogate
l'**intervista** interview
intorno around
intramontabile
    ever-popular, evergreen
l'**introduzione** introduction
l'**invasione** invasion
invece instead
inventare to invent
l'**invenzione** invention
l'**inverno** winter
invitare to invite
io I
irlandese Irish
irresistibile irresistible
l'**isola** island
  l'**isola pedonale**
    pedestrian precinct
Italia Italy
italiano Italian
  l'**italiano** Italian
l'**itinerario** itinerary

J

jazz jazz
i **jeans** jeans

L

l' the
la the; her, it (f.), you (for.)
il **labbro** lip
il **laghetto** small lake
il **lago** lake
lanciare to launch
lasciare to leave, to allow
  lascia fare a me!
    leave it to me!
il **latte** milk

la **lattina** can, tin
la **lattuga** lettuce
lavare to wash
lavarsi to wash (oneself)
lavorare to work
il **lavoro** work, job
  che lavoro fai?
    what's your occupation?
le the, them, to/for her;
    to/for you (s., for.)
il **leader** leader
leggere to read
leggero light
  alla leggera lightly
lei she, her, you (s., for.)
Lei you (s., for.)
la **lettera** letter
il **letto** bed
  fare il letto to make the bed
levare to take away
la **lezione** lesson
li them (m.)
lì there
libero free
la **libertà** liberty, freedom
la **libreria** bookshop
il **libro** book
lieto pleased, happy
  molto lieto
    pleased to meet you
limitare to limit
il **limone** lemon
la **linea** line
la **lingua** (il **linguaggio**) language
il **liquore** liqueur
la **lira**
    lira (Italy); pound (Ireland)
lirico lyrical
liscio sleek, smooth
litigare to argue, to fight
il **livello** level
lo the; him, it (m.)
locale local
lontano far
il **look** look
loro they, them, their, theirs
luglio July
lui he, him
lunedì Monday
  a lunedì! see you Monday!
lungo along, long
il **luogo** place
  il luogo di nascita birthplace

M

ma but
la **macchina** car, machine
la **macedonia di frutta**
    fruit salad
la **macelleria** butcher's shop
la **madre** mother
la **madrina** godmother
maggio May
maggiore
    bigger, more important
magico magic
la **maglietta**
    top, T-shirt, undershirt
il **maglione** pullover, jumper
magnifico magnificent
mai never
il **mal di testa** headache
male bad
  sto male I'm not well
  fare male to hurt
  farsi male to hurt oneself
  mi fa male... my...hurts
  meno male!
    it's a good thing!
  non c'è male not bad
la **malinconia** melancholy
la **mamma** mum, mother
  mamma mia! good grief!
mancare
    to be in need of, to miss
mandare to send
mangiare to eat
la **manica** sleeve
la **manifestazione** show, event
il **manifesto** poster
la **mano** hand
la **marca** brand name
Le **Marche** Marche region
il **marciapiede** footpath
il **marco** mark
il **mare** sea, beach
il **marito** husband
marrone brown
martedì Tuesday
  martedì grasso
    Shrove Tuesday
marzo March
il **mascarpone**
    mascarpone cheese
la **maschera** mask
maschile masculine
maschio male
la **massa** mass

massimo greatest; maximum
la **matita** pencil
la **mattina** morning
il **mattino** morning
il **mazzo** bunch
me me
il **medico** doctor
medico medical
il **Medioevo** Middle Ages
medievale medieval
mediterraneo Mediterranean
meglio better
la **mela** apple
la **melanzana**
    eggplant, aubergine
il **melone** melon, canteloupe
meno less
  fare a meno to do without
  ...meno un quarto
    a quarter to...
  ...meno venti twenty to...
  meno male! it's a good thing!
la **menta** mint
mentre while
il **menù** menu
meraviglioso marvellous
il **mercato** market
mercoledì Wednesday
meridionale southern
meritare to deserve
mescolare to mix
il **mese** month
la **Messa** Mass
il **messaggio** message
la **metà** half
metallurgico metallurgic
la **metropolitana**
    underground railway
mettere to put
la **mezza età** middle age
mezzanotte midnight
  è mezzanotte it's midnight
il **mezzo di trasporto**
    means of transport
mezzo/a half
  mezz'ora half an hour
  ...e mezzo/a half past...
mezzogiorno midday
  è mezzogiorno it's midday
mi me, to/for me, myself
mica at all
migliaia thousands
migliore best
alla milanese
    crumbed and fried

mille (one) thousand

il **minestrone**
   minestrone (*thick vegetable soup*)

la **miniera** mine

minimo minimum

il **minuto** minute

mio my, mine

la **miss** beauty queen

misto mixed

misurare to measure

il **mito** myth

la **moda** fashion

moderno modern

la **moglie** wife

molto
   (*adj.*) many, much;
   (*adv.*) very, a lot

il **momento** moment
   un momento just a moment

la **monarchia** monarchy

mondiale worldwide

il **mondo** world

la **moneta** coin, currency

la **montagna** mountain

montare a neve
   to beat until firm

il **monte** mountain

il **monumento** monument

morire to die

la **mortadella** mortadella

morto dead

Mosè Moses

la **mostra** exhibition

mostruoso monstrous

motivare to motivate, cause

il **motivo** reason, motive

il **movimento** movement

la **moviola**
   moviola, slow-motion replay

la **mozzarella** mozzarella

multinazionale multinational

la **mummia** mummy

muoversi to move

il **museo** museum

la **musica** music

il **musical** musical

N

nascere to be born

la **nascita** birth

il **naso** nose

il **Natale** Christmas

la **natura** nature

naturalmente naturally

la **nazionalità** nationality

   di che nazionalità è?
      what nationality is he/she?

la **nazione** country

nazionale national

   la Nazionale Italiana
      Italian National Team

ne of it, of them

né...né... neither...nor...

la **nebbia** fog

   c'è nebbia it's foggy

il **negoziante** shopkeeper

il **negozio** shop, store

neretto bold

nero black

nessuno no one

nevicare to snow

   nevica it's snowing

niente nothing

no no

noi we, us

noioso boring, annoying

il **noleggio** hire, renting

il **nome** name, noun

non not

   non (lo) so I don't know

la **nonna** grandmother

il **nonno** grandfather

nord north

normale normal

norvegese Norwegian

la **nostalgia** nostalgia

nostro our, ours

notevole considerable

la **notte** night

novanta ninety

novembre November

il **numero** number

nuovo new

il **nuraghe**
   nuragh, prehistoric house

nuvoloso cloudy

   è nuvoloso it's cloudy

O

o or

l'**obbligo** obligation

l'**obiettivo** objective

l'**occasione**
   opportunity, occasion

l'**occhio** eye

l'**occidente** the West

occupato busy

offrire to offer

l'**oggetto** object

oggi today

ogni every

   ogni tanto sometimes

Olanda Holland

olandese Dutch

l'**olio** oil

l'**oliva** olive

l'**ombrello** umbrella

l'**onestà** honesty

l'**onomastico** name day

l'**onore** honour

l'**opera** work, opera

   l'**opera d'arte** work of art

   l'**opera lirica** opera

l'**operaio (-a)** worker

l'**operatore di computer**
   computer operator

l'**operazione** (*f.*) operation

l'**ora** hour

   che ore sono?
      what time is it?

   che ora è? what time is it?

   a che ora...? at what time...?

   non vedevo l'ora
      I couldn't wait

l'**orario** timetable

   in orario on time

l'**oratorio** oratory

l'**ordine** order

l'**orecchio** ear

l'**oreficeria** jeweller's shop

organico organic

organizzare to organise

l'**origano** oregano

l'**originalità** originality

l'**origine** origin

ormai now

l'**orto** vegetable garden

l'**ospedale** hospital

l'**ospitalità** hospitality

osservare to observe

ottanta eighty

ottima idea! great idea!

ottobre October

ovest west

P

la **pace** peace

pacifico peaceful

il **padre** father

il **paese** country, town

pagare to pay

la **pagina** page

il **palazzo** mansion, palace

pallido pale

la **panca** bench

la **pancetta** bacon

il **pane** bread

il **panino** bread roll

la **paninoteca**
   snack bar, sandwich shop

il **pannello** panel

il **panorama** panorama

le **pantacalze** leggings

i **pantaloncini** shorts

i **pantaloni** trousers

il **papà** dad, father

il **Papa** the Pope

il **parco** park

il **parente** relative

il **parlamento** parliament

parlare to speak

la **parola** word

   parole nuove new words

il **parrucchiere** hairdresser

la **parte** part

   fare parte di to be a part of

la **partenza** departure

particolare particular

   particolarmente particularly

il **partigiano** partisan

partire to leave

la **partita** match, game

il **partito** party

   il Partito dei Verdi
      Green Party

la **Pasqua** Easter

il **passaporto** passport

passare to pass

il **passatempo** pastime, hobby

il **passato** past

la **passeggiata** walk

   fare una passeggiata
      to go for a walk

la **passerella** catwalk

la **passione** passion

il **passo** step

la **pasta**
   pasta; small cake, pastry

pastello pastel

la **pasticceria** cake shop

il **pasto** meal

la **patata** potato

la **patatina** chip

la **patente** licence, permit

la **patria** birthplace

il **patrono** patron (saint)

il **pavimento** floor, pavement
  spazzare il pavimento
    to sweep the floor
la **pazienza** patience
  avere pazienza
    to be patient
la **pazza** madwoman
peccato! it's a pity!
pedonale pedestrian
la **pelle** leather
la **pelletteria** leather goods
la **pena** pity
  valere la pena to be worth it
  mi fa pena I feel sorry for
la **penisola** peninsula
la **penna** pen
le **penne** penne (*type of pasta*)
pensare to think
la **pensione** pensione, hotel
il **pepe** pepper
il **peperone** capsicum, pepper
per for
la **pera** pear
percento percent
perché why?, because
il **percorso** course, journey
perdere to lose
perdersi to become lost
perduto lost
perfetto perfect
perfino even
pericoloso dangerous
la **periferia** outskirts, periphery
il **periodo** period
permettere to permit, to allow
  permesso? may I come in?
la **persona** person
il **personaggio** character
personale personal
  personalmente personally
la **personalità** personality
pesante tiresome
la **pesca** peach
il **pesce** fish
la **peseta** peseta
il **peso** weight
il **pesticida** pesticide
pettinarsi to comb one's hair
il **petto** chest
la **pezza** cloth, rag
il **pezzo** piece
piacere to like
  mi piace I like
  mi piacciono I like
  ti piace you like, do you like?
  ti piacciono
    you like, do you like?

il **piacere** pleasure
  piacere pleased to meet you
  per piacere please
piacevole pleasant
piangere to cry
piano slowly, softly
il **piano** floor
la **pianta** plant
la **piantina** map
il **piatto** dish, plate
la **piazza** the square
il **piccione** pigeon
piccolo small
il **piede** foot
  a piedi on foot
piemontese Piedmontese
pieno full
la **pietra** stone
il **pigiama** pyjamas
pigliare to take, to grab
pigro lazy
piovere to rain
  piove it's raining
la **piscina** swimming pool
il **pisolino** nap, siesta
il **pittore** painter
più more, any more
  più di more than
  più tardi later
la **pizzeria** pizza shop
la **pizzetta** minipizza
la **plastica** plastic
poco (po') little, few
  un bel po' quite a lot
  un po' (di) a little
il **poeta** poet
poi then
politico political
il **pollo** chicken
la **polo** polo shirt
il **polso** wrist
la **pomata** cream
il **pomeriggio** afternoon
il **pomodoro** tomato
  il pomodoro secco
    sun-dried tomato
il **ponte** bridge
la **popolazione** population
porgere to hand
la **porta** door
portare
  to take, to bring; to wear
portoghese Portuguese
positivo positive
possibile possible

la **possibilità** possibility
la **posta** post
il **posto** place
il **posto-letto**
    bed, accommodation
potente powerful
la **potenza** power
potere to be able to
poveretto! poor thing!
il **pozzo** well
il **pranzo** lunch
praticare to practise; to do
preciso precise
la **prefazione** preface
preferenziale preferential
preferire to prefer
preferito favourite
pregare to pray
il **pregio** good quality
prélavé prewashed
prelevare to withdraw
prendere
  to take, to get, to have
  prenda! take! (*for.*)
preoccuparsi to worry
preparare to prepare
prepararsi to prepare oneself
presente present
presentare
  to introduce, to present
  Le presento…
    may I introduce you to…?
    (*for.*)
  ti presento…
    may I introduce you to…?
    (*inf.*)
presentarsi to stand (for office)
la **presenza**
    presence, attendance
il **presidente** president
presto! quickly! hurry up!
prêt-à-porter ready-to-wear
il **prete** priest
la **pretura** magistrate's court
la **prevendita** advance sale
la **previsione** forecast
il **prezzo** price
la **prigione** prison
prima (di/che) before
la **primavera** spring
primo first
  il primo (piatto) entrée
  prima linea front line
  il Primo Ministro
    Prime Minister

principale principal
il **principe** prince
il **principiante** beginner
la **principessa** princess
privato private
probabilmente probably
il **problema** problem
il **prodotto** product
produrre to produce
la **produzione** production
il **professore** teacher (*male*)
la **professoressa**
    teacher (*female*)
il **profilo** profile
la **profondità** depth
progettare to design
il **programma** program
promettere to promise
promosso
  essere promosso con lode
    to pass with honours
pronto
    ready; hello! (*on telephone*)
proporre to propose, to suggest
la **proprietà** property
proprio really
il **prosciutto** ham
prossimo next
il **protagonista** protagonist
proteggere to protect
provare to try
provenire to come (from)
lo **psicologo** psychologist
pubblicare to publish
il **pubblico** public
pulire to clean
pulito clean
il **pullman** coach, bus
il **pullover** pullover, jumper
il **punto** point
pure also, even
puro pure
purtroppo unfortunately

Q

il **quaderno** exercise book
qualche some
qualcosa (da) something (to)
  qualcos'altro something else
qualcuno someone
quale which
la **qualità** quality
quando when
quanti/e? how many?
  quanti anni hai?
    how old are you? (*inf.*)

quanto? how?, how much?,
how many?

quanto ci vuole...?
how long does it take...?

quanto viene?
how much does that come to?

quaranta forty

quarto fourth

il **quarto** quarter

...e un quarto
a quarter past...

...meno un quarto
a quarter to...

quarto d'ora
quarter of an hour

quasi almost

quattro four

quello that

questo this

qui here

quindicesimo fifteenth

la **quotazione** quotation

R

la **rabbia** rage, anger

raccontare to tell

la **ragazza** girl

la **ragazzina** young girl

il **ragazzino** young boy

il **ragazzo** boy

raggiungere to reach

rapidamente rapidly

il **rappresentante**
representative, exponent

rappresentare to represent

raramente rarely

il **re** king

i **Re Magi**
Three Wise Men, Three Kings

realizzare to realise

la **reazione** reaction

recente recent

di recente recently

recitare to perform, to act

il **record** record

il **regalo** gift

la **regina** queen

la **regione** region

il **regno** kingdom

la **regola** rule

la **religione** religion

religioso religious

il **remo** oar

repubblicano republican

respirare to breathe

il **resto** rest

il **riassunto** summary

la **ricerca** search, research

la **ricetta** recipe

la **richiesta** demand

richiesto in demand

il **riciclaggio** recycling

riciclare to recycle

riciclato recycled

riconoscere to recognise

ricordare to remember

ricordarsi to remember

ricostruire to rebuild

la **ricotta** ricotta (cheese)

ridere to laugh

ridicolo ridiculous

ridurre to reduce

riempire to fill

rileggere reread

rimanere to remain, to stay

rinascere to be born again

rinascimentale
Renaissance (adj.)

il **Rinascimento** Renaissance

ringraziare to thank

rinnovare to renew

rinomato renowned, famous

rinverdire to make green again

riposarsi to rest

il **riposo** rest

il **riquardo** panel

la **riscoperta** rediscovery

riscoprire rediscover

risiedere to reside

il **Risorgimento** Risorgimento

il **risotto** risotto

rispettare to respect

rispondere to answer

il **ristorante** restaurant

ristretto strong (coffee)

il **risultato** result

in **ritardo** late

ritelefonare to phone again

ritornare to return

il **ritorno** return, comeback

il **ritratto** portrait

la **riunione** meeting, reunion

riuscire to succeed

la **roccia** rock

il **rock** rock (music)

romano Roman

romantico romantic

rosa pink

rosso red

il **rumore** noise

S

sabato Saturday

il **sacco** sack

un sacco di lots, heaps

il **sacrificio** sacrifice

la **sagra** festival, feast

il **salame** salami

il **sale** salt

salire to climb, to go up

la **salsa** sauce

la **salsiccia** sausage

salutare to greet

la **salute** health

il **saluto** greeting

cordiali saluti Yours truly

distinti saluti Yours faithfully

tanti saluti Best wishes

salve! hi!, bye!

salvo except

San Giovanni Battista
Saint John the Baptist

San Pietro Saint Peter

il **sangue** blood

il **santo** saint

il **santo patrono**
patron saint

sapere to know (a fact,
how to do something)

lo so I know

non lo so I don't know

il **sapore** taste, flavour

sarà it might be

il **sasso** stone, rock

sbagliare to get wrong

sbarcare to land

sbattere to beat

sbiadito faded

lo **scaffale** shelf

la **scarpa** shoe

la **scatola** box

la **scatoletta** can, tin

lo **scellino** (Austrian) schilling

lo **scemo** idiot

scherzare to joke

lo **schiavo** slave

la **schiena** back

schifo disgusting

fare schifo to be disgusting

le **scienze** science

lo **scienziato** scientist

sciogliere to melt

scolpire to sculpt

la **sconfitta** defeat

lo **sconto** discount

scoprire to discover

scorso last

lo **scrittore** writer

scrivere to write

scrivimi! write to me! (inf.)

lo **scultore** sculptor

la **scuola** school

scuro dark

scusare to excuse

scusa! excuse me! (inf.)

scusi! excuse me! (for.)

mi scusi! excuse me! (for.)

se if

il **secolo** century

secondo
second; according to

il **secondo (piatto)**
main course

secondo me in my opinion

la **sede** seat (of parliament)

sedersi to sit down

segnare to signal

il **segretario (-a)** secretary

il **segreto** secret

seguente following

seguire to follow

sei six

sembrare to seem

seminare to sow

semplice simple

sempre always

senape mustard

sentimentale sentimental

sentire to hear

senta! excuse me!, listen! (for.)

senti! listen! (inf.)

sentirsi to feel

senza without

senza dubbio without doubt

la **sera** evening

sereno fine (weather)

è sereno it's fine (weather)

serio serious

la **serra** greenhouse

servire
to be necessary;
to serve; to help

il **servizio** service

il **servizio interno**
domestic service

sessanta sixty

sesto sixth

la **sete**   thirst
   avere sete   to be thirsty
settanta   seventy
sette   seven
settembre   September
la **settimana**   week
il **settore**   sector
sfacciato   cheeky
sfilare   to parade
   la sfilata di moda
      fashion parade
lo **sguardo**   look
si   himself, herself; yourself (*for.*)
      them, to them, themselves
sì   yes
sicuramente   surely
sicuro   sure
la **signora**   Mrs, Ms, woman
   Gentile Signora   Dear Madam
il **signore**   Mr, sir, man
   Egregio Signore   Dear Sir
la **signorina**   Miss
il **simbolo**   symbol
simile   similar
simpatico   likeable
sincero   honest, sincere
singolo   single
sinistra   left
   a sinistra   to the left
   sulla sinistra   on your left
la **situazione**   situation
smettetela!   stop it!
lo **smog**   smog
sociale   social
soffrire   to tolerate, to suffer
il **soggiorno**   stay
il **sogno**   dream
solare   solar
il **soldato**   soldier
i **soldi**   money
il **sole**   sun
la **solidarietà**   solidarity
solitamente   usually
il **solito**   usual
   di solito   usually
solo   only
   da solo   by itself, by oneself
soltanto   only
il **sonno**   sleep
   avere sonno   to be sleepy
sono   I am, they are
   ci sono   there are
   sono di...   I'm from...
   sono le...   it's...o'clock

sopportare
      to tolerate, to endure
sopra   on, on top of
soprattutto   mostly, above all
la **sorella**   sister
sorprendere   to surprise
la **sorpresa**   surprise
il **sorriso**   smile
il **sospiro**   sigh
la **sosta**   pause, stop
sostituire   to substitute
sotto   under
sottolineare
      to accentuate, to underline
gli **spaghetti**   spaghetti
   spaghetti alla carbonara
      spaghetti with bacon
      and eggs
Spagna   Spain
spagnolo   Spanish
la **spalla**   shoulder
spargere   to spread
sparire   to disappear
spaventarsi   to be frightened
spaziare   to move freely
lo **spazio**   space
spazzare il pavimento
      to sweep the floor
la **specialità**   speciality
specialmente   especially
specificamente   specifically
specifico   specific
la **speranza**   hope
la **spesa**   shopping
   fare la spesa
      to do the shopping
spesso   often
spettacolare   spectacular
lo **spettacolo**   show, spectacle
lo **spettatore**   spectator
la **spiaggia**   beach
spiegare   to explain
la **spiegazione**   explanation
gli **spinaci**   spinach
lo **spirito**   spirit
spiritoso   cheeky, witty
spirituale   spiritual
splendido   splendid
lo **splendore**   splendour
lo **spogliatoio**   changing room
spolverizzare   to sprinkle
lo **sport**   sport
sportivo   sports, sporting
sposato   married
spostarsi   to move

la **squadra**   team
squillare   to ring
la **stagione**   season
stamattina   this morning
stancarsi   to become tired
stanco   tired
stare   to be, to stay
   come sta?   how are you? (*for.*)
   come stai?   how are you? (*inf.*)
stasera   this evening
Stati Uniti   United States
lo **stato**   state
la **statua**   statue
la **stazione**   station
la **sterlina**   pound (*England*)
stesso   same
lo **stile**   style
lo **stilista**   fashion designer
la **stoffa**   fabric, material
lo **stomaco**   stomach
la **storia**   history, story
storico   historic, historical
la **strada**   street, road
straniero   foreign
strano   strange
lo **strato**   layer
lo **stress**   stress
lo **stretto**   strait
stringere   to hold tightly
strisciare   to slither
la **struttura**   structure
lo **studente**   student (*male*)
la **studentessa**   student (*female*)
studiare   to study
lo **studio**   study
stupendo   wonderful, stupendous
su   on
   in su   and upwards
   su e giù   up and down
subito   immediately
succedere   to happen
il **successo**   success
succhiare   to suck
il **succo d'arancia**
      orange juice
il **succo di frutta**   fruit juice
sud   south
il **suggerimento**   suggestion
suggerire   to suggest
suo   his, her, hers, its;
      your, yours (*s., for.*)
Suo   your (*s., for.*)
suonare   to play
la **suora**   nun
super   super

svegliarsi   to wake up
Svezia   Sweden
svedese   Swedish
Svizzera   Switzerland

T

la **T-shirt**   T-shirt
la **tabella**   table, list
taciturno   reserved, quiet
tagliare   to cut
le **tagliatelle**
      tagliatelle (*type of pasta*)
tanti/e   many
tanto
      (*adj.*) so many, so much;
      (*adv.*) so, so much
tardi   late
   a più tardi   see you later
il **tartufo**   truffle
la **tassa**   tax
la **tavola**   table (*when set*)
   a tavola   at the table
   preparare la tavola
      to set the table
il **tavolo**   table
il **taxi**   taxi
la **tazza**   cup
te   you (*s., inf.*)
il **tè**   tea
il **teatro**   theatre
tedesco   German
telefonare   to phone
il **telefono**   telephone
il **telegrafo**   telegraph
la **televisione**   television
televisivo   television (*adj.*)
il **tema**   essay
la **temperatura**   temperature
il **templo**   temple
il **tempo**   time; weather
   il tempo libero   spare time
   che tempo fa?
      what's the weather like?
   fa bel tempo
      it's lovely weather
la **tenacità**   tenacity
tenere   to keep
tenersi in contatto
      to keep in touch
il **tennis**   tennis
terminare   to finish
la **terra**   soil, land
la **terrina**   tureen, dish
terzo   third

VOCABOLARIO italiano/inglese

il **tesoro** treasure
il **tesserino** student card
tessile textile
il **test** test, quiz
la **testa** head
  avere la testa dura
    to be stubborn
il **tetto** roof
il **Tevere** Tiber (River)
il **thriller** thriller
ti you, to/for you, yourself (*s., inf.*)
tifare to barrack for
la **tigre** tiger
la **timidezza** shyness
timido shy
la **tintoria** dry-cleaner's
il **tipo** type
il **tiramisù** tiramisù (*dessert*)
il **tiranno** tyrant
tirare fuori
    to drag out, to pull out
tocca a voi it's your turn (*pl.*)
la **tombola** tombola, bingo
il **tonno** tuna
tornare to return
la **torre** tower
la **torta** cake
  fare una torta to bake a cake
tra between
la **traccia** trace
tradizionale traditional
la **tradizione** tradition
tradurre to translate
la **traduttrice** translator
il **tram** tram
tranquillo calm, peaceful
trascinare to sweep away
trascorrere to spend (time)
trasferirsi to move
trasformare to transform
il **trasporto** transport
trattare to treat
  non si tratta di
    it's not a question of
trattarsi to deal with
il **trattato** study
tratto
  tutto ad un tratto
    all of a sudden
il **trattore** tractor
la **trattoria** trattoria, restaurant
il **traveller's cheque**
    traveller's cheque
tre three
il **treno** train
trenta thirty
il **tribunale** law court, tribunal

tricolore of three colours
il **trionfo** triumph
triplo triple
triste sad
la **tristezza** sadness
troppo
  (*adj.*) too many, too much;
  (*adv.*) too, too much
trovare to find, to see
tu you (*s., inf.*)
tuo your, yours (*s., inf.*)
il **tuorlo** yolk
turchese turquoise
il **turismo** tourism
il/la **turista** tourist
turistico tourist
tutto all, everything
  tutti everyone
  tutti quanti all, everyone
  tutto ad un tratto
    all of a sudden

U

l'**uccello** bird
uffa! oh!, good grief!
ufficiale official
ufficialmente officially
l'**ufficio** office
  l'**ufficio informazioni**
    information office
  l'**ufficio postale** post office
gli **Uffizi** Uffizi gallery
ultimo final, last
l'**ultimo** last, latest
umano human
unico unique, only, one off
unire to join, to unite
l'**unità** unity
unito united
universale universal
uno one
  è l'una it's one o'clock
l'**uomo (gli uomini)** man
  l'**uomo politico** politician
l'**uovo (le uova)** egg
urbano urban
usare to use; to apply
uscire to go out
l'**uso** use
utile useful
l'**utilità** usefulness
l'**uva** grapes

V

va bene O.K., all right

la **vacanza** holiday
valere to be worth
  valere la pena to be worth it
la **valuta** currency
variabile variable
vario various
vecchio old
vedere to see
  fare vedere to show
  ci vediamo! see you!
  vediamo un po' let's see now
vegetariano vegetarian
il **veleno** poison
velocemente quickly
vendere to sell
venerdì Friday
venire to come
venti twenty
il **vento** wind
  c'è vento it's windy
veramente really
il **verbo** verb
  il verbo riflessivo
    reflexive verb
verde green
il **verde** green, greenery
la **verdura** vegetables
la **vergine** virgin
la **vergogna** shame
la **verità** truth
vero true
  ..., vero?
    ..., aren't you?, isn't it? etc.
verso towards, around
vestirsi to get dressed
il **vestito** dress, suit
il **vetro** glass
vi you, to/for you, yourselves (*pl.*)
la **via** street, road
via away
viaggiare to travel
il **viaggio** trip
  buon viaggio!
    have a good trip!
vicino near
  il vicino di casa neighbour
la **villa** park
vincere to win
il **vino** wine
viola purple
VIP VIP, Very Important Person
la **visibilità** visibility
la **visita** visit
visitare to visit
il **viso** face
la **vista** view
visto che since, seeing that

la **vita** life
la **vittoria** victory
vittorioso victorious
vivere to live
vivo alive
il **vocabolario**
    vocabulary, dictionary
la **vocale** vowel
la **voglia** desire
  una gran voglia
    a great desire
voi you (*pl.*)
volante flying
volere to want (to)
  quanto ci vuole...?
    how long does it take...?
  ci vuole/ci vogliono...
    it takes...
  vuole altro?
    would you like something else?
  volere bene to love
il **volo** flight
la **volontà** will
il **volontario** volunteer
la **volta** time
  a volte sometimes
  una volta once
vorrei I would like
vostro your, yours (*pl.*)
votare to vote
il **vulcano** volcano

W

il **weekend** weekend
il **whisky** whisky

Y

lo **yen** yen

Z

lo **zaino** rucksack
zero nought, zero
la **zia** aunt
lo **zio** uncle
la **zona** zone, area
lo **zucchero** sugar
  lo zucchero semolato
    castor sugar
la **zucchina** zucchini, courgette

A

A.D. Dopo Cristo
to be **able to** potere
about circa
to **accept** accettare
according to secondo
to **add** aggiungere
address l'indirizzo
adjective l'aggettivo
to **admire** ammirare
after dopo
afternoon il pomeriggio
   good afternoon buonasera
again di nuovo
aggressive aggressivo
to **agree** essere d'accordo
air l'aria
alive vivo
all tutto
   all of a sudden
     tutto ad un tratto
   all right d'accordo, va bene
to **allow** permettere
almost quasi
along lungo
also anche
aluminium l'alluminio
always sempre
American americano
and e, ed
angry arrabbiato
   to get angry arrabbiarsi
ankle la caviglia
annoying noioso; antipatico
another un altro
antacid l'antiacido
appetiser l'antipasto
appetite l'appetito
apple la mela
approximately circa
April aprile
arena l'arena
to **argue** litigare
arm il braccio
to **arrive** arrivare
art l'arte (f.)
article l'articolo
artist l'artista
as come
to **ask** chiedere, domandare
asleep
   to fall asleep addormentarsi

at a, ad
   at (someone's place) da
   at all affatto
attention! attenzione!
   to pay attention
     fare attenzione
attentively attentamente
aubergine la melanzana
August agosto
aunt la zia
Australia Australia
Australian australiano

B

back la schiena
bad male
   not bad non c'è male
bank la banca
bar il bar
bath il bagno
to **be** essere, stare
bean il fagiolo
to **beat** sbattere
   to **beat** (egg whites) **until firm**
     montare a neve
beautiful bello
because perché
bed il letto
   to make the bed
     fare il letto
beer la birra
before prima (di/che)
to **begin** cominciare
to **believe** credere
   I don't believe it
     non ci credo
bell tower il campanile
better meglio
between tra, fra
bicycle la bicicletta
big grande
bill il conto
bin il contenitore
birthday il compleanno
   happy birthday!
     buon compleanno!
biscuit il biscotto
black nero
blond biondo
blood il sangue
blouse la camicetta
blue azzurro
   (dark) blue blu
boat la barca

body il corpo
book il libro
bookshop la libreria
boring noioso
to be **born** nascere
bottle la bottiglia
bowl la coppa
boy il ragazzo
bread il pane
bread roll il panino
breakfast la (prima) colazione
bridge il ponte
to **bring** portare
brother il fratello
brother-in-law il cognato
brown marrone
to **build** costruire
bus l'autobus (m.), il pullman
busy occupato
but ma
butcher's shop la macelleria
to **buy** comprare
by itself, oneself da solo
bye! ciao!, salve!

C

café il bar
caffellatte il caffellatte
cake la torta
   to bake a cake
     fare una torta
cake shop la pasticceria
to **call** chiamare
calm calmo, tranquillo
   to calm oneself calmarsi
camomile (tea) la camomilla
can (tin) la scatoletta
cappuccino il cappuccino
capsicum il peperone
car la macchina
carnival il carnevale
cashier's counter la cassa
cassette la cassetta
to **celebrate** festeggiare
century il secolo
ceramics la ceramica
certain certo
to **change** cambiare
character il personaggio
characteristic caratteristico
cheek la guancia
cheeky sfacciato, spiritoso
cheese il formaggio
chest il petto

chicken il pollo
chip la patatina
chocolate il cioccolatino
Christmas il Natale
church la chiesa
cinema il cinema
city la città
class la classe
to **clean** pulire
clerk l'impiegato
to **climb** salire
to **close** chiudere
clothing l'abbigliamento
cloudy nuvoloso
coach (bus) il pullman
coat il cappotto
Coca-Cola la Coca(-Cola)
cocoa powder
   il cacao in polvere
coffee il caffè
coin la moneta
cold il freddo
   it's cold fa freddo
colour il colore
to **comb one's hair** pettinarsi
to **come** venire
   come in! avanti!
   may I come in? permesso?
   come on!
     dai!, avanti!, forza!
comfortable
   to make oneself comfortable
     accommodarsi
common comune
to **complete** completare
computer operator
   l'operatore di computer
concert il concerto
conclusion la conclusione
congratulations auguri
container il contenitore
to **continue** continuare
to **convince** convincere
cook il cuoco (-a)
   to cook cucinare
cookery la cucina
to **cost** costare
could I have...? mi dia...
country
   la campagna; la nazione
cousin (female) la cugina
cousin (male) il cugino
cover charge il coperto

VOCABOLARIO inglese/italiano

to **cover** coprire
cream
    la pomata; (*mixture*) la crema
creamy cremoso
credit card la carta di credito
to **cross** (*road etc.*) attraversare
culture la cultura
cup la tazza
cupboard l'armadio
currency la valuta
to **cut** tagliare
cute carino
cutlet la cotoletta

D

dad il papà
damn! accidenti!
dark bruno, scuro
daughter la figlia
day il giorno; la giornata
dead morto
dear caro
December dicembre
to **decide** decidere
degrees (*temperature*) gradi
delicate delicato
demanding esigente
depressed giù di morale
desire la voglia
  a great desire
    una gran voglia
dessert il dolce
different diverso, differente
dinner la cena
to **dip** (*recipe*) bagnare
director il direttore
discount lo sconto
dish il piatto
  side dish il contorno
distracted distratto
to **disturb** disturbare
to **do** fare
doctor il dottore, il medico
document il documento
dollar il dollaro
double doppio
down giù
drawer il cassetto
dress il vestito
  to get dressed vestirsi
drink la bevanda
to **drink** bere
drop la goccia

duke il duca
during durante
Dutch olandese

E

ear l'orecchio
easy facile
easily facilmente
Easter la Pasqua
to **eat** mangiare
ecological ecologico
ecology l'ecologia
egg l'uova
eggplant la melanzana
eighty ottanta
elbow il gomito
electrician l'elettricista
emotional emozionato
  to become emotional
    emozionarsi
end la fine
engineer l'ingegnere
England Inghilterra
English inglese
to **enjoy** godere
  enjoy! godetevi! (*pl.*)
  to enjoy oneself divertirsi
  enjoy your meal!
    buon appetito!
enough! basta!
to **enter** entrare
entertaining divertente
entrée il primo (piatto)
environment l'ambiente
Epiphany l'Epifania
eraser la gomma
even addirittura
evening la sera
  good evening buonasera
every ogni
  everyone tutti
  everything tutto
exactly esattamente; esatto
to **exaggerate** esagerare
exceptional eccezionale
to **exchange** (*money*) cambiare
exchange rate il cambio
to **excuse** scusare
  excuse me scusi, mi scusi (*for.*)
exercise l'esercizio
  exercise book il quaderno
exhibition la mostra
expensive caro

to **explain** spiegare
explanation la spiegazione
expression l'espressione
eye l'occhio

F

face il viso, la faccia
fact il fatto
  in fact infatti
fair biondo
to **fall** cadere
family la famiglia
famous famoso
far lontano
fashion designer lo stilista
father il padre, il papà
favourite preferito
feast la festa
February febbraio
to **feed** dare da mangiare
to **feel** sentirsi
fifty cinquanta
to **fight** (*argue*) litigare
film il film
final ultimo
finally finalmente
to **find** trovare
fine (*weather*) sereno
finger il dito
to **finish** finire, terminare
first primo
fish il pesce
five cinque
floor
    il pavimento; (*level*) il piano
focaccia la focaccia
fog la nebbia
  it's foggy c'è nebbia
foot il piede
  on foot a piedi
football (*soccer*) il calcio
footpath il marciapiede
for per
forehead la fronte
foreign estero
fork la forchetta
form la forma
  in great form in piena forma
forty quaranta
fountain la fontana
four quattro
fourth quarto
France Francia

free libero
French francese
to **frequent** frequentare
Friday venerdì
fried fritto
friend
    (*female*) l'amica, (*male*) l'amico
from da, di
  I'm from... sono di...
front
  in front of davanti a
fruit la frutta
  fruit salad
    la macedonia di frutta
fruit juice il succo di frutta
full pieno

G

gallery la galleria
game il gioco
generous generoso
gently gentilmente
German tedesco
Germany Germania
to **get** prendere
  get! prenda! (*for.*)
  to get on well
    andare d'accordo
  how does one get to...?
    come si arriva a...?
to **get up** alzarsi
gift il regalo
  gift shop la bigiotteria
girl la ragazza
  young girl la bambina
to **give in** cedere
to **give** dare
  give! (*for.*) dia!
glass il bicchiere; il vetro
to **go** andare
  go! (*for.*) vada!
to **go out** uscire
to **go up** salire
good bravo, buono
  good on you! bravo!
  good afternoon buonasera
  good evening buonasera
  good morning buongiorno
  good grief! mamma mia!
  goodbye addio, arrivederci
  it's a good thing!
    meno male!
gram il grammo

VOCABOLARIO inglese/italiano

grandfather il nonno
grandmother la nonna
grapes l'uva
great forte, grande
  great idea! ottima idea!
  we'll have a great time!
    ci divertiamo un mondo!
green verde
greenery il verde
greengrocer il fruttivendolo
greeting il saluto
grey grigio
grocery store
  il generi alimentari
grown-ups i grandi
guidebook la guida
guilty colpevole

H

hair i capelli
half mezzo/a
  half a kilo mezzo chilo
  half an hour mezz'ora
  half past... ...e mezzo/a
ham il prosciutto
hand la mano
handsome bello
to **happen** succedere
happy contento
hard duro
to **have** avere, prendere
  I'll have, I'm having
    prendo
to **have to** dovere
head la testa
headache il mal di testa
to **hear** sentire
hello! ciao, salve;
  (on telephone) pronto!
help l'aiuto
  to **help** aiutare
  can I help you?
    desidera?, mi dica
here qui
  here is/are ecco
  here you are ecco a Lei (for.)
  ...is here c'è...
hi! ciao!, salve!
hill la collina
historic storico
history la storia
to **hit** colpire
Holland Olanda

homework i compiti
  to do one's homework
    fare i compiti
honest sincero
hospital l'ospedale (m.)
hot caldo
  it's hot fa caldo
hotel l'albergo, la pensione
hour l'ora
how many? quanti/e?
how much? quanto?
  how much does that
    come to? quanto viene?
how? come?
  how are things? come va?
  how are you?
    (for.) come sta?; (inf.) come stai?
however comunque
hundred cento
  hundred grams
    l'etto, cento grammi
hunger la fame
  to be hungry avere fame
hurry la fretta
  to be in a hurry avere fretta
  hurry up! presto!
to **hurt** fare male
  to hurt oneself farsi male
  my...hurts mi fa male...
husband il marito

I

I io
ice cream il gelato
ice-cream shop la gelateria
idea l'idea
identical identico
identity card la carta d'identità
idiot lo scemo
if se
imagination l'immaginazione (f.)
to **imagine** immaginare
immediately subito
in in; fra
included incluso
incorrigible incorreggibile
index l'indice (m.)
information office
  l'ufficio informazioni
inside dentro
to **insist** insistere
instead invece
intelligent intelligente

to **interest** interessare
interesting interessante
introduce
  may I introduce you to...?
    Le presento...; (for.)
    ti presento... (inf.)
introduction l'introduzione (f.)
to **intrude** disturbare
to **invite** invitare
irresistible irresistibile
island l'isola
Italian italiano, l'italiano
Italy Italia
item l'articolo

J

jacket la giacca
January gennaio
jeans i jeans
jeweller's shop
  l'oreficeria, la bigiotteria
job il lavoro
to **joke** scherzare
July luglio
jumper il maglione, il pullover
June giugno

K

key la chiave
kilogram il chilo
kilometre il chilometro
kind gentile
kiss il bacio
  kisses and hugs (letter)
    baci ed abbracci
knee il ginocchio
knife il coltello
to **know** sapere, conoscere
  I know lo so
  I don't know non lo so, non so

L

lake il lago
  small lake il laghetto
language la lingua
last ultimo; scorso
late in ritardo, tardi
later più tardi
  see you later
    a più tardi, arrivederci
to **laugh** ridere
lawyer l'avvocato
layer lo strato

lazy pigro
leaf la foglia
to **learn** imparare
at **least** almeno
to **leave**
  (depart) partire; lasciare
  leave it to me!
    lascia fare a me!
left la sinistra
leg la gamba
lemon il limone
less meno
lesson la lezione
let's use the tu form!
  diamoci del tu!
letter la lettera
lettuce la lattuga
level il livello
licence la patente
life la vita
lightly alla leggera
like come
  like this così
to **like** piacere
  I like mi piace, mi piacciono
  you like ti piace, ti piacciono
  I would like vorrei
  would you like something else?
    vuole altro?
likeable simpatico
lip il labbro
liqueur il liquore
to **listen (to)** ascoltare
  listen! senta! (for.), senti! (inf.)
little poco; piccolo
  a little un po' (di)
to **live** abitare
lolly la caramella
long lungo
to **look at** guardare
  look! guarda! (inf.)
to **look for** cercare
to **look alike** assomigliarsi
to **look like** assomigliare
to **lose** perdere
  to become lost perdersi
lot
  a lot molto
to **love** amare, volere bene
  to love one's neighbour
    amare il prossimo
lucky fortunato
  stroke of luck
    il colpo di fortuna
lunch il pranzo

M

magnificent magnifico
main course il secondo (piatto)
to **make** fare
man l'uomo, il signore
mansion il palazzo
many molti/e, tanti/e
many molti/e,
map la piantina, la carta
March marzo
market il mercato
married sposato
maximum massimo
May maggio
maybe forse
me me
meat la carne
to **meet** incontrarsi
mention
   don't mention it
    non c'è di che
menu il menù
message il messaggio
midday mezzogiorno
midnight mezzanotte
milk il latte
mineral water l'acqua minerale
minestrone il minestrone
minimum minimo
minute il minuto
Miss la signorina
to **miss** mancare
to **mix** mescolare
   mixed misto
mixture il composto
moment il momento
Monday lunedì
money i soldi
month il mese
monument il monumento
more (than) più (di)
morning la mattina
   good morning buongiorno
   this morning stamattina
mortadella la mortadella
mother la madre, la mamma
mouth la bocca
to **move** muovere, muoversi
Mr signor
Mrs, Ms signora
much molto
mum la mamma
museum il museo
mushroom il fungo
music la musica

N

name il nome
   what's your name? (for.)
    Lei come si chiama?
   what's your name? (inf.)
    come ti chiami?
   my name is... mi chiamo...
   his/her name is... si chiama...
   name day l'onomastico
nationality la nazionalità
nature la natura
near vicino
it is **necessary** bisogna
neck il collo
to **need** avere bisogno di
neither...nor... né...né...
never mai, non...mai
new nuovo
news stand l'edicola
newspaper il giornale
next prossimo
night la notte
ninety novanta
no no
no one nessuno, non...nessuno
noise il rumore
nose il naso
not non
nothing niente, non...niente
noun il nome
November novembre
now adesso
number il numero
nurse l'infermiere (-a)

O

o'clock
   it's...o'clock sono le..., è...
O.K. d'accordo, va bene, O.K.
oar il remo
object l'articolo; l'oggetto
to **observe** osservare
occupation il lavoro
   what's your occupation?
    che lavoro fai?
October ottobre
of di
   of course certo
to **offer** offrire
office l'ufficio
often spesso
oil l'olio

old vecchio
   how old are you?
    quanti anni hai?
   I'm...years old ho...anni
olive l'oliva
on su
   on the ball in gamba
once una volta
one uno
one-way (ticket) solo andata
onion la cipolla
only solo, soltanto
open aperto
   the open l'aperto
   in the open air
    all'aria aperta
   to **open** aprire; aprirsi
   can opener l'apriscatole (m.)
opinion
   in my opinion secondo me
or o
orange
   (fruit) l'arancia;
   (colour) arancione
   orange drink l'aranciata
   orange juice
    il succo d'arancia
to **organise** organizzare
other altro
our nostro

P

page la pagina
palace il palazzo
pale pallido
panorama il panorama
paper la carta
parents i genitori
park la villa, il parco
party la festa
   to have a party
    fare una festa
to **pass** passare
passport il passaporto
past il passato
pasta la pasta
patience la pazienza
   to be patient avere pazienza
to **pay** pagare
peace la pace
peaceful tranquillo
pear la pera

pen la penna
pencil la matita
pepper (spice) il pepe;
   (capsicum) il peperone
perfect perfetto
perhaps forse
permit la patente
   to **permit** permettere
person la persona
personally personalmente
pharmacy la farmacia
to **phone** telefonare
   to phone again
    ritelefonare
piece il pezzo
pigeon il piccione
pink rosa
pity
   it's a pity! peccato!
pizza shop la pizzeria
pizza la pizza
   minipizza la pizzetta
place il posto
to **place** disporre
plane l'aereo
plate il piatto
platform il binario
play la commedia
to **play** giocare (a)
please per favore, per piacere
pleased lieto, contento
   pleased to meet you
    molto lieto, piacere
plumber l'idraulico
pollution l'inquinamento
poor thing! poveretto!
the **Pope** il Papa
possible possibile
post office l'ufficio postale
potato la patata
preface la prefazione
precise preciso
to **prefer** preferire
to **prepare** preparare
   to prepare oneself
    prepararsi
prison la prigione
to **promise** promettere
pullover il maglione, il pullover
pure puro
purple viola
to **put** mettere

Q

quarter il quarto
  a quarter past...
    ...e un quarto
  a quarter to...
    ...meno un quarto
queue la fila
quickly! presto!
quiet (*peaceful*) tranquillo;
  (*reserved*) taciturno
quite abbastanza
  quite a lot un bel po'
quotation la quotazione

R

rain la pioggia
  it's raining piove
rather abbastanza
to read leggere
ready pronto
really veramente
recipe la ricetta
recycling il riciclaggio
red rosso
reflexive verb
  il verbo riflessivo
to remember
  ricordare, ricordarsi
to represent rappresentare
to resemble assomigliare
reserved (*quiet*) taciturno
to respect rispettare
rest il resto
  to rest riposarsi
restaurant il ristorante
return (*ticket*) andata e ritorno
to return ritornare, tornare
ricotta la ricotta
ride il giro
  to go for a ride
    fare un giro
right (*direction*) la destra
to be right avere ragione
ring l'anello
rock la roccia
Roman romano
room la camera
rucksack lo zaino

S

sad triste
saint il santo

salad l'insalata
salami il salame
salt il sale
same stesso
sandwich shop la paninoteca
Saturday sabato
to say dire
school la scuola
to scream gridare
second secondo
secretary il segretario (-a)
to see vedere
  see you! ci vediamo!
  let's see now
    vediamo un po'
  see you soon
    arrivederci a presto
to seem sembrare
to sell vendere
to send mandare
to separate dividere
September settembre
serious grave, serio
  to be serious dire sul serio
to serve servire
to set the table
  preparare la tavola
seven sette
seventy settanta
to shave farsi la barba
shelf lo scaffale
shirt la camicia
shoe la scarpa
shop il negozio
  to do the shopping
    fare la spesa
  shop assistant
    il commesso (-a)
  shopkeeper il negoziante
short (*in height*) basso
shorts i pantaloncini
shoulder la spalla
to shout gridare
to show fare vedere
shower la doccia
  to have a shower
    farsi la doccia
shy timido
sign here! firmi qui! (*for.*)
similar simile
since visto che
sincere sincero
to sing cantare

single singolo
sir signore
sister la sorella
sister-in-law la cognata
six sei
sixth sesto
sixty sessanta
skirt la gonna
to sleep dormire
small piccolo
smile il sorriso
smog lo smog
snack bar la paninoteca
snow la neve
  it's snowing nevica
so così, allora
  so, so much, so many
    tanto
  so-so così così
soccer il calcio
sock la calza
some alcuni, qualche
someone qualcuno
something (to) qualcosa (da)
  something else qualcos'altro
son il figlio
song la canzone
to be sorry dispiacere
  I'm sorry mi dispiace
space lo spazio
spaghetti gli spaghetti
Spain Spagna
Spanish spagnolo
to speak parlare
speciality la specialità
spectator lo spettatore
spinach gli spinaci
splendid splendido
spoon il cucchiaio
sport lo sport
to spread spargere
to sprinkle spolverizzare
square la piazza
stall la bancarella
stationery shop la cartoleria
stay il soggiorno
  to stay rimanere, stare
steak la bistecca
stomach lo stomaco
stone la pietra
to stop fermarsi
  stop it! smettetela! (*pl.*)
store il negozio

story la storia
straight ahead avanti, diritto
strange strano
strawberry la fragola
strong forte
to be stubborn
  avere la testa dura
student
  la studentessa (*f.*),
    lo studente (*m.*)
  student card il tesserino
study lo studio
  to study studiare
sudden
  all of a sudden
    tutto ad un tratto
sugar lo zucchero
  castor sugar
    lo zucchero semolato
to suggest suggerire
suit il vestito
summer l'estate (*f.*)
sun il sole
Sunday domenica
supermarket il supermercato
sure sicuro
surely sicuramente
to surprise sorprendere
surprise la sorpresa
Sweden Svezia
swedish svedese
to sweep the floor
  spazzare il pavimento
sweet dolce; (*dessert*) il dolce
symbol il simbolo

T

T-shirt la T-shirt
table
  il tavolo; (*when set*) la tavola
  at the table a tavola
tablet la compressa, la pillola
to take portare, prendere
  how long does it take?
    quanto ci vuole?
  it takes...
    ci vuole/ci vogliono...
tall alto
tea il tè

VOCABOLARIO inglese/italiano

teacher
l'insegnante (*m.* or *f.*);
(*male*) il professore;
(*female*) la professoressa
team la squadra
teaspoon il cucchiaino
telephone il telefono
television la televisione, TV
to **tell** dire, raccontare
teller l'impiegato
temperature la temperatura
tennis il tennis
thank you grazie
thank you, same to you
grazie, altrettanto
to **thank** ringraziare
that che; quello
that is (*in other words*)
cioè
theatre il teatro
then allora, poi
there ci
there are ci sono
thick denso
thing la cosa
to **think**
pensare; (*believe*) credere
third terzo
to be **thirsty** avere sete
thirty trenta
this questo
this evening stasera
thousand mille
three tre
throat la gola
to **throw** gettare
Thursday giovedì
ticket il biglietto
time
il tempo; (*instance*) la volta
spare time il tempo libero
what time is it?
che ora è?, che ore sono?
at what time? a che ora?
on time in orario
timetable l'orario
tin la scatoletta
tired stanco
to **become tired** stancarsi
tiresome pesante
to a, ad, da
to/for us ci
today oggi

together insieme
to **tolerate** sopportare
tomato il pomodoro
sun-dried tomato
il pomodoro secco
tomorrow domani
too
(*as well*) anche;
(*too much, many*) troppo
top la cima
tourist il/la turista
towards verso
town la città
train il treno
to **travel** viaggiare
travel agency
l'agenzia viaggi
traveller's cheque
il traveller's cheque
treasure il tesoro
trip
il viaggio;
(*excursion*) la gita, il giro
triple triplo
trousers i pantaloni
true vero
truffle il tartufo
truth la verità
Tuesday martedì
tuna il tonno
tureen la terrina
to **turn** girare
twenty venti
twin il gemello
two due
type (*sort*) il tipo
tyrant il tiranno

U

uncle lo zio
to **understand** capire
unfortunately purtroppo
United States Stati Uniti
until finché
us ci
to **use** usare
usual il solito

V

vegetables la verdura
vegetarian vegetariano
verb il verbo

very molto
view la vista
vinegar l'aceto
visit la visita
to **visit** visitare
vocabulary il vocabolario
vowel la vocale

W

to **wait (for)** aspettare
I couldn't wait
non vedevo l'ora
waiter il cameriere
waitress la cameriera
to **wake up** svegliarsi
to **walk** camminare
to go for a walk
fare una passeggiata
to **want (to)** volere
to **wash** lavare, lavarsi
to **watch** guardare
water l'acqua
mineral water l'acqua minerale
to **wear** portare
weather il tempo
what's the weather like?
che tempo fa?
it's lovely weather
fa bel tempo
Wednesday mercoledì
week la settimana
weekend il weekend
weight il peso
welcome benvenuto
well bene
to get well guarire
well then
allora, dunque, ebbene
what? che cosa?, cosa?
what are you doing?
che cosa fai?
what can I do about it?
cosa ci posso fare?
what's the matter?
che cos'hai?
when quando
where dove?
where are you from?
(*for.*) Lei di dov'è?;
(*inf.*) di dove sei?
where is...? dov'è...?
which che
while mentre

white bianco; (*egg*) la chiara
who? chi?
whose is...? di chi è...?
why? perché?
wife la moglie
wind il vento
it's windy c'è vento
wine il vino
with con
to **withdraw** prelevare
without senza
witty spiritoso
woman la donna, la signora
wonderful stupendo
word la parola
work il lavoro; l'opera
to work lavorare
worker l'operaio (-a)
to **worry** preoccuparsi
to be **worth** valere
to be worth it
valere la pena
wrist il polso
to **write** scrivere
wrong
what's wrong? che c'è?

Y

year l'anno
New Year's Day il capo d'anno
yellow giallo
yes sì
yolk il tuorlo

Z

zero zero
zucchini la zucchina

Indice